（唐）白居易　撰

宋本白氏文集

第一〇册

國家圖書館出版社

第十册目録

卷六六　判五十首

得甲去妻後妻犯罪請用子蔭贖罪甲怒不許……一
得辛氏夫遇盜而死遂求殺盜者而爲之妻或責其失貞行之節不伏……一
得乙與丁俱應拔萃乙則趨時以求名丁則勤學以待命互有相非未知孰是……二
得丁冒名事發法司准法科罪節度使奏丁在官有美政請免罪真授以勸能者法司以亂法不許……二
得乙上封請永不用赦大理云廢赦何以使人自新乙云數赦則姦生恐弊轉甚……三
得景居喪年老毀瘠或非其過禮景云哀情所鍾……四
得辛奉使遇昆弟之仇不鬭而過爲友人責辭云銜君命……四
聞軍帥選將多用文儒士兵部詰其無武藝帥云取其謀也……五
得甲至華嶽廟不禱而過或非其違衆甲云禱非禮也……五
得乙隱居徵辟不起子孫請以所辟官用蔭所司不許……六
得江南諸州送庸調四月至上都戶部科其違限訴云冬月運路水淺故不及春至……六
得景爲縣令教人煮木爲酪州司責其煩擾辭云以備凶年……七
得丁爲郡守行縣見昆弟相訟者乃閉閤思過或告其矯辭云欲使以田

相讓也……七
得甲獻弓蹲甲而射不穿一札有司詰之辭云液角者不得牛戴牛角……八
得乙有同門生喪親將往弔之其父怒而撻之使遺縑而已或詰其故云交道之難……八
得轉運使以汴河水淺運船不通請築塞兩河斗門節度使以當軍營田悉在河次若斗門築塞無以供軍……九
得景爲宰秋雩刺史責其非時辭云旱甚若不雩恐爲災……一〇
得丁爲郡歲凶奏請賑給百姓制未下散之本使科其專命丁云恐人困……一〇
得戊兄爲辛所殺戊遇辛不殺之或責其不悌辭云辛以義殺兄不敢返殺……一一
得甲爲將以簞醪投河命衆飲之或非其矯節甲云推誠而已何必在醉……一二
得乙有罪丁救以免乙不謝或責之云不爲己……一二
得景妻有喪景於妻側奏樂妻責之不伏……一三
得甲年七十餘有一子子請不從政所由云人戶減耗徭役繁多不可執禮而廢事……一三
得景於逆旅食噬腊遇毒而死其黨訟之主人云買之有處……一四
得詔賜百寮資物甲獨以物委地而不拜有司劾其不敬云本贓物故不敢拜……一四
得乙爲大夫請致仕有司詰其未七十乙稱羸病不任事……一五
得景爲縣官判事案成後自覺有失請舉牒追改刺史不許欲科罪景云令式有文……一五
得甲替乙爲將甲欲到乙嚴兵守備不出

迎發制書勘合符以法從事御史糾其無賓主之禮科罪不伏……一六
得鄉老不輸本戶租稅所司詰之辭云年八十餘歲有頒賜請預折輸納所由以無例不許……一六
得乙女將嫁於丁既納幣而乙悔丁訴之乙云未立婚書……一七
得景請與丁卜丁云死生付天不付君也遂不卜或非之……一七
得耆老稱甲多智縣司舉以理人或云多智賊也未知合用否……一八
得乙爲邊將虜至若涉無人之地監軍責其無勇略辭云內無糗糧外無掎角……一八
得景進柑子過期壞損所由科之稱於浙江陽子江口各阻風五日……一九
得丁喪所知於野張帷而哭鄰人詰云夫子惡野哭者……一九
得甲妻於姑前叱狗甲怒而出之訴稱非七出甲云不敬……二〇
得乙爲軍昧夜進軍諸將不發欲罪之辭云不見月章……二〇
得景嫁殤鄰人告違禁景不伏……二一
得丁陳計請輕過移諸甲兵省司以敗法不許丁云宥罪濟時行古之道何故不可……二一
得甲在獄病久請將妻入侍法曹不許訴稱三品已上散官……二二
得乙聞牛鳴曰是生三犧皆用之矣問之皆信或謂之妖不伏……二二
得丁母乙妻俱爲命婦每朝參丁母云母尊婦卑請在婦上乙妻云夫官高不合在下未知孰是……二三
得景請預駙馬所司糾云景庶子也且違格令欲科家長罪不伏……二三

得甲夜行所由執之辭云有公事欲早趨朝所由以犯禁不聽……二四
得郡舉乙清高廉使以爲通介無常罪舉不當郡稱往通今介時人無常乙有常也……二四
得景於私家陳鐘磬鄰告其僭云無故不徹懸……二五
得丁氏有邑號犯罪當贖請同封爵之例所司不許辭云邑號不因夫子而致……二五
得景與乙同賈景多收其利人刺其貪辭云知我貧也……二六
得景夜越關爲吏所執辭云有追捕……二六
得乙以庶男冒婚丁女事發離之丁理饋賀衣物請以所下聘財折之不伏……二七
得乙在田妻餉不至路逢父告飢以餉饋之乙怒遂出妻妻不伏……二七

卷六七　判五十道

得丁上言豪富人畜奴婢過制請據品秩爲限約或責其越職論事不伏……二九
得甲爲邠州刺史正月令人修耒耜廉使責其失農候訴云土地寒……二九
得乙掌宿息井樹賓至不誅相翔者御史糾之辭云罪在守塗之人……三〇
得景爲私客擅入館驛欲科罪辭云雖入未供……三〇
得洛水暴漲吹破中橋往來不通人訴其弊河南府云雨水猶漲未可修橋縱苟施功水來還破請待水定人又有辭……三一
得景爲將敵人遺之藥景受而飲之或責失人臣之節……三一
得丁將在別屯士卒有犯每專殺戮御史舉劾訴稱曾受棨戟之賜……三二

得甲告老請立長爲嗣長辭云不能請
讓其弟或詰之云弟好仁……三三
得乙出妻妻訴云無失婦道乙云父母不
悦則出何必有過……三三
得景有姊之喪合除而不除或非之稱
吾寡兄弟不忍除也……三四
得丁陷賊庭守道不仕賊帥逼之辭云堯
舜在上下有巢許遂免所司欲旌其節
大理執不許……三四
得景爲大夫有喪丁爲士而特弔或責之
不伏……三五
得吏部選人入試請繼燭以盡精思有司
許之及考其書判善惡與不繼燭同有
司欲不許未知可否……三五
得乙貴達有故人至坐於堂下進以僕妾
之食或誚之乙曰恐以小利而忘大名
故辱而激之也……三六
得景領縣府無蓄廩無儲管郡詰其慢職
景云王者富人藏於下故也……三六
得丁食於喪者之側而飽或責之辭云主
人食我以禮故飽……三七
得甲爲獄吏囚走限内他人獲之甲
請免罪……三七
得乙川遊所由禁之云有故要渡……三八
得景爲將每軍休止不繕營部監軍使
劾其無備辭云有警軍陣必成何必
勞苦……三八
得丁乘車有醉吐車茵者丁不科而吏
請罪之丁不許……三九
得甲牛觝乙馬死請償馬價甲云在放牧
處相觝請陪半價乙不伏……三九
得景娶妻三年無子舅姑將出之訴
云歸無所從……四〇
得丁喪親賣宅以奉葬或責其無廟云貧

無以爲禮……四〇
得甲之周親執工伎之業吏曹以甲不合仕甲云今見修改吏曹又云雖改仍限三年後聽仕未知合否……四一
得乙請用父蔭所司以贈官降正官蔭一等乙云父死王事合與正官同……四一
得景爲録事參軍刺史有違法事景封狀奏聞或責其失事長之道景云不敢不忠於國……四二
得丁私發制書法司斷依漏洩坐丁訴云非密事請當本罪……四二
得甲爲所由稽緩制書法直斷合徒一年訴云違未經十日……四三
得乙盜買印用法直斷以僞造論訴云所由盜賣因買用之請減等……四三
得有聖水出飲者日千數或謂僞言不能愈疾且恐爭鬬請禁塞之百姓云病者所資請從人欲……四四
得景有志行隱而不仕爲郡守所辟稱是巫家不當選吏功曹按其詭詐景不伏……四四
得丁爲刺史見冬涉者哀之下車以濟之觀察使責其不順時修橋以徼小惠丁云恤下……四五
得甲告其子行盜或誚其父子不相隱甲云大義滅親……四五
得州府貢士或市井之子孫爲省司所詰申稱羣萃之秀出者不合限以常科……四六
得乙充選人識官選人代試法司斷乙與代試者同罪訴云實不知情……四六
得甲與乙爵位同甲齒長請居乙上乙以皇宗不伏在甲下有司不能斷……四七
得選舉司取有名之士或云不息馳騖恐

難責實……四七
得太學博士教胄子毁方瓦合司業以非訓導之本不許……四八
得甲居家被妻毆笞之鄰人告其違法縣斷徒三年妻訴云非夫告不伏……四八
得乙居家理廉使舉請授官吏部以無出身不許使執云行成於內可移於官……四九
得景定婚訖未成而女家改嫁不還財景訴之女家云無故三年不成……四九
得丁爲大夫與管庫士爲友或非之云非交利也……五〇
得四軍帥令禁兵於禁街中種田御史劾以無赦文辭云因循歲久且有利於軍……五〇
得甲爲郡守部下漁色御史將責之辭云未授官已前納采……五一
得乙爲三品見本州刺史不拜或非之稱品同……五一
得景爲獸人冬不獻狼責之訴云秦地無狼……五二
得景負丁財物丁不告官强取財物過本數縣司以數外贓論之不伏……五二
得乙請襲爵所司以乙除喪十年而後申請引格不許乙云有故不伏……五三
得丁爲士葬其父用大夫禮或責其僭辭云從死者……五三
得甲將死命其子以嬖妾爲殉其子嫁之或非其違父之命子云不敢陷父於惡……五四

卷六八　碑誌序記表讃論衡書

故京兆元少尹文集序……五五
海州刺史裴君夫人李氏墓誌銘……五七
如信大師功德幢記……五九

華嚴經社石記……六〇
吳郡詩石記……六二
吳興靈鶴贊……六三
錢唐湖石記……六三
蘇州刺史謝上表……六五
三教論衡……六七
沃洲山禪院記……七四
修香山寺記……七七
薦李晏韋楚狀……七八
與劉蘇州書……八〇

卷六九 碑序解祭文記

故饒州刺史吳府君神道碑銘……八三
蘇州重玄寺法華院石壁經碑文……八五
池上篇……八七
因繼集重序……八九
劉白唱和集解……九〇
祭中書韋相公文……九一
祭弟文……九三
祭李司徒文……九五
祭微之文……九六
唐故湖州長城縣令贈戶部侍郎博陵崔府君神道碑銘……九八
大唐泗州開元寺臨壇律德徐泗濠三州僧正明遠大師塔碑銘……一〇〇
東都十律大德長聖善寺鉢塔院主智如和尚茶毗幢記……一〇三

卷七〇 銘誌贊序祭文記辭傳

酒功贊……一〇七
唐故武昌軍節度處置等使正議大夫檢校戶部尚書鄂州刺史兼御史大夫賜紫金魚袋贈尚書右僕射河南元公墓誌銘……一〇七

唐故虢州刺史贈禮部尚書崔公
墓誌銘……一一二
唐故溧水縣令太原白府君
墓誌銘……一一七
序洛詩……一一九
畫彌勒上生幀讚……一二〇
繡西方幀讚……一二一
祭崔相公文……一二二
祭崔常侍文……一二四
磐石銘……一二五
東林寺白氏文集記……一二五
聖善寺白氏文集記……一二六
看題文集石記因成四韻以美之……一二六
唐銀青光祿大夫太子少保安定皇甫
公墓誌銘……一二七
唐故銀青光祿大夫秘書監曲江縣
開國伯贈禮部尚書范陽張公墓
誌銘……一二九
齒落辭……一三二
醉吟先生傳……一三三
蘇州南禪院千佛堂轉輪經藏石記……一三六
蘇州南禪院白氏文集記……一三八

卷七一　碑記銘吟偈

淮南節度使檢校尚書右僕射趙郡
李公家廟碑銘……一四一
白蘋洲五亭記……一四六
畫西方幀記……一四八
畫彌勒上生幀記……一五〇
香山寺新修經藏堂記……一五一
香山寺白氏洛中集記……一五二
唐東都奉國寺禪德大師照公塔銘……一五三
不能忘情吟……一五五
六讚偈……一五六

佛光和尚真贊……………………一五八
醉吟先生墓誌銘…………………一五九

白氏文集卷第六十六

判五十道

得甲去妻後妻犯罪請用子蔭贖罪甲怒不許

二姓好合義有時絶三年生育恩不可遺鳳雖阻於和鳴烏豈忘於返哺旋觀怨偶遽拉明刑王吉去妻斷絃未續孔氏出母踈綱將加誠鞠育之可思何患難之不救况不安爾室盡孝猶慰母心薄送我畿贖罪寧辭子蔭縱下山之有怒曷陟屺之無情想芣苢之歌且聞樂有其子念葛藟之義豈不忍庇于根難抑共辭請敦不匱

得辛氏夫遇盜而死遂求殺盜者而爲之妻或責其失貞行之節不伏

親以恩成有讎寧捨嫁則義絶讎報奚爲辛氏姑務雪冤靡思[illegible]禮勵釋憾之志將殄讎蒲萏許嫁之心則乖松[illegible]況居喪

未亡女適無文苟失節於未亡雖復仇而何有夫讎不報未足
爲非婦道有虧誠宜自恥詩著靡他之誓百代可知禮垂不嫁
之文一言以蔽無効尤於邾婦庶繼美於恭姜

得乙與丁俱應拔萃乙則趨時以求名丁則勤學以待
命乎有司相非未知孰是

立己徇名則由進取修身俟命寧在躁求智乎雖不失時仁
者豈宜棄本屬科懸拔萃才選出羣勤苦修辭乙不能也
吹噓附勢丁亦恥之躁靜既殊性習遂遠各從所好爾由徑而
方行難強不能吾捨道而奚適觀得失之路或似由人推通
塞之門誠應在命所宜勵志焉用趨時若棄本以菲葑失則
自求諸己儻中其正鵠得亦不愧於人無尚苟求盍嘉自致

得丁冒名事發法司准法科罪節度使奏丁在官有美政
請免罪眞授以勸能者法司以亂法不許

宥則利淫誅則傷善失人猶可壞法實難丁僣濫爲心僶俛從事始假名而作僞咎則自貽終勵節而爲官政將可取節攸以功惟補過請欲勸能憲司以仁不惠姦議難亂紀制宜經久理貴從長見小善而必求村雖苟得踰大防而不禁弊將若何濟時不在於一夫守法宜遵乎三尺盍懲行詐勿許拜眞

得乙上封請永不用赦大理云廢赦何以使人自新乙云數赦則姦生恐弊轉甚

刑乃天威赦惟王澤于以御下存乎建中上封以宥過利淫倖門宜閑大理以盪邪除舊權道當行皆推濟國之誠未達隨時之義何則政包寬猛法有弛張習以生常則起爲姦之弊廢而不用何成作解之恩請思砭石之言兼詠蓼蕭之什數則不可無之亦難

得景居喪年老毀瘠或非其過禮景云哀情所鍾
孝乃行先則當銜恤子為親後安可危身景喪則未終老
其將至懷蓼莪之慕誠合盡哀迫桑榆之光豈宜致毀所以
爰資肉食唯服麻縗況血氣之既衰老夫耄矣縱哀情之罔
極吾子忍之苟滅性而不勝則傷生而非孝因殺立節庶畢三
年之喪順變從宜無及一朝之患既虧念始當愧或非
得辛奉使遇昆弟之仇不鬬而過爲友人責辭云銜
君命
居兄之仇避爲不悌銜君之命鬬則非忠將滅私而奉公宜弃
小而取大辛時惟奉使出乃遇讎斷手之痛不忘誠難共國
飲冰之命未復安可害公節以忠全情由禮抑未失使臣之
體何速諍友之規臾駢立言嘗聞之矣子夏有問而忘諸乎
是謂盡忠于何致責

閫軍帥選將多用文儒士兵部詰其無武藝師云取其
謀也
忘身死節誠重武夫制敵伐謀則先儒士將籌策而可尚
奚騎射之足稱軍帥明以知兵精於選將以爲彎弧學劒用
無出於一夫悅禮敦詩道可弘於七德功宜保大理貴從長若
王師之有征以謀則可苟戎略之無取雖藝何爲況晉謀中
軍選於義府漢求上將舉在儒流豈惟我武惟揚誠亦斯
文不墜元戎舉德未爽能軍兵部執言恐爲辱國
得甲至華嶽廟不禱而過或非其違衆甲云禱非禮也
嶽則配天自修常事神雖福善安可苟求宜率道以去邪豈
從衆而失正甲志惟守義言乃合經以爲視以三公實天子之
所饗降其百福寧匹夫之可攘如修蘋藻之誠是用秬秠之
禮況人之僭濫徒欲乞靈而神實聰明豈歆淫祀非鬼是爲

謟也黷神無乃吐之旅於泰山古猶致誚禱于華嶽今豈不非諒正直之難誣雖馨香而勿用將勸來者所宜救歟

得乙隱居徵辟不起子孫請以所辟官用蔭所司不許

修身獨善寵則可驚制爵尊賢命其難廢形雖遺於軒冕蔭宜及於子孫乙貞以自居辟而不起鶴書莫顧雖忘恤後之心爵命已行寧闕賞延之典若使死無用蔭生不及榮何成旌善之風且是廢君之命塲苗不食誠自絕於縶維葛藟有陰義難虧於燕翼請優後嗣以獎外臣

得江南諸州送庸調四月至上都戶部科其違限訴云

冬月運路水淺故不及春至

賦納過時必先問罪淹恤有故亦可徵辭月既及於正陽事宜歸於宰旅展如澤國蓋納地征歲有入貢之程敢忘慎守川無負舟之力寧免稽遲苟利涉之惟艱雖愆期而必宥

地官致詰虛月其夏江郡執言後時可愍然恐事非靡監
辭或憑虛請驗所届公文而後可遵令典
得景爲縣令教人煑木爲酪州司責其煩擾辭云
以備凶年
事不舉中有災寧救政或擾下雖惠何爲景念在濟時動非
率法且煩人而不恤是昧烹鮮何歉歲以爲虞將勤者煑酪信
作勞於無用豈爲教之有方必也志切救災道敦行古周官
荒政自可擇其善者新室弊法焉用尤而効之宜聽責言勿
迷知過
得丁爲郡守行縣見昆弟相訟者乃閉閤思過或告其
矯辭云欲使以田相讓也
化本自家政先爲郡禮寧下庶宜寬不悌之刑訓在知非是得
長人之道況天倫不睦地訟攸興利方競於膏腴恩難虧於

七

骨肉敎宜引古過責自新雖鬩爭以閱牆有傷魯衞之政庶
使愧而讓畔將同虞芮之風苟無訟之可期則相容而何遠推
用以讓爾誠謝於孟光閉閤而思吾何慙於延壽宜嘉靜理
勿謂矯誣

得甲獻弓蹲甲而射不穿一扎有司詰之辭云液角者
不得牛戴牛角

貴革乖方則宜致詰相角失理亦可徵辭甲僉奠體以成執簫
而獻中規不撓六材雖則合三捨拔有愆七扎不能穿一宜恐
傷人之甲不曰堅乎而非戴牛之弓無自入也液信虧於巧
者射遂爽於臧兮周典足徵彼自乖於三色楚君明試此無
愧於二臣咎且有歸責之非當

得乙有同門生喪親將往弔之其父怒而撻之使遺縑而
已或詰其故云交道之難

子道貴恭當從理命交遊重義亦盡恤哀情孝不在於詭隨仁豈忘於惻隱乙父訓乖愛子道昧擇交況求益之初無友不如己者及居喪之際凡人猶合救之旣罔念於一哀是不遵於父要苟知生而不弔雖贈死以何爲舊館遇喪宣父尚宜出涕同門在戚王丹未可忘情縱申遺帛之誠豈補贈芻之義肆一抉之怒父兮旣爽義方杜三諫之辭子也亦虧孝道宜哉或詰允矣知言

得轉運使以汴河水淺運水不通請築塞兩河斗門節度使以當軍營田悉在河次若斗門築塞無以供軍

川以利涉竭則壅稅水能潤下塞亦傷農將捨短以從長宜去彼而取此汴河決能降雨流可通財引漕運之千艘實資積水生稻粱於一溉亦籍餘波利旣相妨用難兼濟節度使以軍儲務足思開竇而有年轉運司以邦賦貴通恐負舟

而無力爾雖執競理可明衛雍四國之征其傷多矣專一方之
利所獲幾何贍軍雖望於秋成濟國難虧於日用利害斯
見與奪可知

得景爲宰秋雩刺史責其非時爾云旱甚若不雩
恐爲災

居常授時政則行古恤人救弊道在從宜旱將害於粢盛雩
難拘於秋夏景象雷是職不雨其憂苟旱魃之愆時虐既
太甚雖蓐收之戒序雩亦何傷冀有聞於鸛鳴庶無慮於
狼顧馨香以感夕且望於月離稼穡其傷時難遵於龍見
雖事乖魯史而義合隨時製錦執言是亦爲政褰帷致詰
未可與權

得丁爲郡歲凶奏請賑給百姓制未下散之本使科其
專命丁云恐人困

臨邦匡乏之情本由衷爲國救炎美終歸上丁分條出守求瘼居心歲不順成人既憂於三輔公有滯積户將籲於一鐘是輸濟衆之誠允叶分憂之政然以事雖上請恩未下流稍違主守之文遽見職司之舉使以未有君命何其速歟郡以苟利國家專之可也卹貧振廪鄧攸雖見免官矯制發倉汲黯不聞獲罪請宥自專之過用旌共理之心

得戊兄爲辛所殺戊遇辛不殺之或責其不悌辭云辛以義殺兄不敢返殺

捨則常讎報爲傷義當斷友于之愛以遵王者之章戊居兄之仇應執兵而不返辛殺人以義將傳刃而攸難雖魯曾策垂文不可莫之報也而周官執禁安得苟而行之將令怨是用希實在犯而不挍揆子產之誠損怨爲忠徵史鰌之言益仇非智難從不悌之責請聽有孚之辭

得甲爲將以簞醪投河命衆飲之或非其矯節甲云推
誠而已何必在醉

將主軍情酒存人欲推誠之義必在於均飽德之文不專於醉甲寄分外閫令出中權九醞投河義由獨斷一瓢飲水惠在同霑儻師人之多寒恩逾挾纊如戰士之載渴功倍望梅分少以表無頗和衆寧宜及亂豈資滿腹所貴歸心少卿絕甘見稱漢代子反獨醉實敗楚軍苟臧否之必由何古今之有異非其矯節是不知言

得乙有罪丁救以免乙不謝或責之乙云不爲己

在公而行誠非爲己懷惠以謝則涉徇私彼既求仁而得仁此宜以直而報直乙惟獲戾丁乃解紛以爲非罪而拘冶長見稱於尼父直言以免叔向寧謝於祁奚論恩則丘山不勝在道而江湖可忘況情非私謁可以不愧于人義在公行實以

無求於我合嘉遺直勿聽責言

得景妻有喪景於妻側奏樂妻責之不伏

喪則有哀見必存敬樂惟飾喜舉合從宜夫婦所貴同心吉凶固宜異道景室方在疚庭不徹懸鏗鏘無倦於鼓鐘好合有傷於琴瑟既愆夫義是棄人喪儼麻纕之在躬是吾憂也調絲竹以盈耳於汝安乎如賓之敬頓乖若往之哀斯瀆遂使唱和不應憂喜相干道路見纕猶聞必變隣里有殯亦為不歌誠無惻隱之心宜受庸奴之責

得甲年七十餘有一子子請不從政所由云人戶減耗徭役繁多不可執禮而廢事

役且有辭信非懋力老而不養豈謂愛親戀若阻於循陔怨必興於陟岵顧惟甲子及此丁年戶減事繁政宜勤於晝夜家貧親老養難闕於晨昏在子道而可矜雖王徭之宜免事

聞諸禮情見乎辭天子敦風猶勸養其三老庶人從政亦何假於一夫況當孝理之朝難抑親人之請所由之執愚謂不然

得景於逆旅食噬腊遇毒而死其黨訟之主人云買之有處

生不可保死必有因盍知命於喪予豈尤人於食我景秋逢方轉朝薤欲晞旅次爰來將受殞而已生涯遠盡當終食之間是非祭地之疑自是逢天之戚永言其黨不察所由死且焉知徒云噬腊之毒買而有處請無嘗堇之嫌誠虐士之可哀在主人而何咎幸思恕物無妄罪人

得詔賜百寮資物甲獨以物委地而不拜有司劾其不敬云本贓物故不敢拜

賜表主恩拜明臣禮苟臨事而不敬雖有辭而勿聽甲列在朝行須其資物宜荷天而受賜何委地而如遺曾是姦贓誠可惡於清德今爲寵錫諒難拒於鴆私既爲善而近名亦失

恭而遠禮必也志疾貪冒節勵貞廉自當辭讓有儀豈得棄捐不拜況人不易物鍾離委珠而徒爲心苟無瑕伯夷飲泉而何爽宜許有孚之矜用懲不恪之辜

得乙爲大夫請致仕有司詰其未七十乙稱羸病不任事

時制未及尚可俟朝疾疹所加固難陳力乙位忝食采志在懸車揆以紀年桑榆之光未暮驗其羸病蒲柳之質先零既稱量力而行所謂奉身以退雖髮未種種告老無乃速歟而心既諄諄致政固其宜矣請高知止無強不能

得景爲縣官判事案成後自覺有失請舉牒追改刺史不許欲科罪景云令式有文

政尚從寬過宜在宥苟昨非之自悟則夕改而可嘉景乃案寮叅諸簿領當推案務劇詎免毫釐之差屬褰帷政苛不容筆削之改誤而不隱悔亦可追縣無同上之姦州有刻下之

虐先迷後覺判事雖不三思苟有必知牒舉明無二過揆人情而可恕衡國令而有文將欲痛繩恐非直筆

得甲替乙爲將甲欲到乙嚴兵守備不出迎發制書勘合符以法從事御史糾其無賓主之禮科罪不伏

師律貴貞兵符示信苟未會合敢忌戒嚴乙奉中權甲承後命推輪相代言赴及瓜之期衷甲自防猶軫前茅之慮且信惟守器權在隱情符節既未合同軍衛如何徹警所宜慮遠安可徇私闕於將迎雖乖主禮究其守備是叶軍謀無責建牙恐非直指

得鄉老不輸本戶租稅所司詰之辭云年八十餘歲有頒賜請預折輸納所由以無例不許

丹制既登誠宜加惠歲賦不入何以奉公苟布常而是違雖移用而不可鄉老年參耆耋名繫版圖天賜未頒且有躁求之請

地征合納非無苟免之心曾是徇私固難違例況時逢恤老節
合勤王尚齒肆筵我歲斂於善養食毛入賦爾奚忘於樂輸
受賜任待於時須量入難虧於歲杪不從妄請誠謂職司

得乙女將嫁於丁既納幣而乙悔丁訴之乙云未立婚書
女也有行義不可廢父兮無信訟所由生雖必告而是遵豈
約言之可爽乙將求佳婿曾不良圖入幣之儀既從五兩御輪
之禮未及三周遂違在耳之言欲阻齊眉之請況卜鳳以求士
且靡非咎言何貪鴈而從人有乖宿諾婚書未立徒引以爲辭
娉財已交亦悔而無及請從玉潤之訴無過桃夭之時

得景請與丁卜丁云死生付天不付君也遂不卜或非之
聖人建易雖用稽疑君子樂天固宜知命苟吉凶之兆僭何中
否之足詢丁執心不回出言有中爾考前知之兆誠足決疑吾
從見命之文必先蔽志以爲禍福由己休咎則繫於慎行生

死付天修短乃存乎陰隲當脫身於木鴈寧問命於蓍龜言旣中倫理亦窮性況詹尹釋策有問焉知鬬廉立言不疑何卜不從握粟是謂忘筌

得耆老稱甲多智縣司舉以理人或云多智賊也未知合用否

道雖棄智政且使能苟養之以恬則用之不惑甲稱子智縣舉爾知將老者之審才得賢斯美何或人之懵理爲賊是虞誠蔽蕩之無闡庶利人之可取然以智殊小大用有否臧識若限於挈缾或當害物道能弘於樂水何爽理人請審兩端方從一見

得乙爲邊將虜至若涉無人之地監軍責其無勇略辭云內無糗糧外無犄角

封疆貴安伍候尚警苟不固吾圉則速即爾刑乙登以將壇

鎮于邊壘誠可戒嚴走集罔有敵于我師何乃啓納寇戎若無人於吾地是昧安邊之略信貽失律之凶拳勇夔聞罪戾誰執如或寇強師老食絶城孤期盡敵而還且勤於堅守苟知難而退猶愈於覆亡宜矜掎角之辭難議建牙之罪

得景進柑子過期壞損所由科之稱於浙江陽子江口各阻風五日

進獻失期罪難逃責稽留有説理可原情景乃行人奉茲錫貢薦及時之果誠宜無失其程阻連日之風安得不愆于素覽所由之詰聽使者之辭既異違寧難科淹恤限滄波於于役匪我愆期敗朱實於厥苞非予有咎捨之可也誰曰不然

得丁喪所知於野張帷而哭鄰人詰云夫子惡野哭者

死喪有別哭泣從宜情或異於親疎禮則殊於内外丁義勤

交道動循容止未忘半面嘗同傾蓋之歡永念重泉遂展張帷之哭雖聲非有慟而分止所知未乖夫子之言何致鄰人之誚如或肆號咷於路左物或惡之今則具威儀於野中禮無違者允符前志奚恤斯言

得甲妻於姑前叱狗甲怒而出之訴稱非七出甲云不敬細行有虧信乖婦順小過不忍豈謂夫和甲孝務恪恭義輕姁合饋豚明順未聞褻於聽從叱狗愆儀盍勿庸於疾怨雖怡聲而是昧我則有尤若失口而不容人誰無過雖敬君長之毋宜還王吉之妻

得乙爲軍昧夜進軍諸將不發欲罪之辭云不見月章表旗示信戎政貴明在九章而或乖雖三令而惟反乙是稱戎帥未達軍容奉明罰之辭無闇月捷用潛師之計方事宵征徒欲董以爪牙曾不明其耳目況將經武必在昭文夜號未申

有虞固宜不進月章莫舉毀廬自可當辜詐非失辭責乃當罪

得景嫁殤鄰人告違禁景不伏

生而異族死豈同歸且非合祔之儀爰抵嫁殤之禁景夭昬是恤窀穸斯乖以處子之葬華遷他人之蒿里曾靡卜於鳴鳳各異室家胡爲相以青烏欲同宅兆徒念幼年無偶豈宜大夜有行況生死寧殊男女貴別縱近傾筐之歲且未從人雖有遊岱之魂焉能事鬼既違國禁是亂人倫謀徵媒氏之文無抑鄰人之告

得丁陳計請輕過移諸甲兵省司以敗法不許丁云宥罪濟時行古之道何故不可

軍興事亟則務益兵時泰教成固難敗法丁志崇陳計識昧柘時當兵戢之朝詎貸凶器在刑行之日寧利幸人是廢國章欲崇軍實禍闕黷武弊起惠姦宥罪未若慎刑濟軍不如

經國況王霸道異古今代變小哉管氏之器曾是行權哿矣省司之言孰非經久得失斯在用捨可知

散官

得甲在獄病久請將妻入侍法曹不許訴稱三品已上

獄雖慎守病則哀矜茍或無瘳如何罔詔甲罪抵刑憲身從幽縶憂能成疾膏肓之上未痊危則思親縲絏之中有請勢窮搖尾念切齊眉卧或十旬既軫弥留之懼官惟三品宜從侍執之辭敢請法曹式遵令典

得乙聞牛鳴曰是生三犧皆用之矣問之皆信或謂之妖不伏

上稟天性旁通物情是謂生知孰云行怪況形雖異類心則同歸四鳥分飛聽音既稱有信三犧皆用聞鳴豈可爲妖且叶前言殊非左道爾惟不講我則有辭揆以周官業將同於

吏隸詳夫魯曾史責不及於葛盧獸語可徵人言奚恤

得丁母乙妻俱爲命婦每朝參丁母云母尊婦卑請在婦上乙妻云夫官高不合在下未知孰是

肅恭成德卑則敬尊著定辯儀賤無加貴眷彼母妻之品視其夫子之官欲將展於君前禮且殊於門內閨閫垂訓長幼雖合有倫朝廷正名等列豈宜無別婦道雖云守順國章未可易班母則失言妻唯得禮且子今位下尚欲宗予而夫也官崇如何卑我請依序守無使名愆

得景請預駙馬所司糾云景庶子也且違格令欲科家長罪不伏

冒婚徼倖既拉官刑罔上失忠亦虧臣節在幼賤而不禁豈尊長之無辜屬下嫁王姬旁求都尉選吹簫之匹雖則未獲眞人預傅粉之郎豈可濫收庶子況姻連天族榮冠人倫嗣

既異於承祧禮難當於蠭蠆降揜藏庶蘖唯慮其不諧貪冒寵榮詎思於有罪豈非或益而損曾是欲蓋而彰國章寧捨於面欺家長宜從於首坐

得甲夜行所由執之辭云有公事欲早趨朝所由以犯禁不聽

趨朝有時則當蚤作防姦以法寧縱晨行雖夙夜之自公豈警巡之可犯甲陳力是念相時斯昧方鳴三鼓知行夜之猶嚴未闢九門信將朝而尚早趨進合遵於辯色夙興宜伺其啓明既爽時然後行是必動而有悔非巫馬爲政焉用出以戴星同宣子俟朝胡不坐而假寐宜遵街禁用表司存

得郡舉乙清高廉使以爲通介無常罪舉不當郡稱往通今介時人無常乙有常也

退藏守道自合銷聲待用濟時則難背俗乙行藏未達通

介不常若德至而無稱固當滅跡既名彰而見舉誠合隨時徒立身以清高且於物而凝滯無固無必盍守宣尼之言獨清獨醒信貽漁父之誚兼濟豈資於絶俗全真未爽於同塵宜從不當之科俾慎無常之舉

得景於私家陳鐘磬鄰人告其僭云無故不徹懸

器不假人易而生亂樂惟節事過則有刑禮既異於古今法且禁其鐘磬景苟求飾喜因念逮尤竊筍簴以陳樂由奢失僭金石而奏罪以聲聞雅當犯貴之辜難許徹懸之訴然恐賜同魏絳僭異于奚且彰北闕之恩何爽南鄰之擊是殊國禁無告家藏

得丁氏有邑號犯罪當贖請同封爵之例所司不許

辭云邑號不因夫子而致

邑號旌賢國章議貴如或不能自庇則將焉用其封丁氏

恩降閨門罪罹邦憲寵非他致既因表以勳賢咎雖自貽
亦可免於刑戮若不從其寬典則何貴於虛封漢恤緹縈猶
聞贖父齊分石窌豈不庇身宜聽輯矣之辭難奪贖兮
之請

得景與乙同賈景多收其利人刺其貪辭云知我貧也
仁無貪貨義有通財在潔身而雖乖於知己而則可景乙
奇贏何業氣類相求競以錐刀始聞小人喻利推其貨賄終
見君子用心情表深知事符往行如或貧富必類自當興讓立
廉今則有無相懸固合損多益寡是爲徇義豈曰竭忠受粟
益親孔氏用敦吾道分財損己叔牙嘗謂我貧無畏人言俾
彰交態

得景夜越關爲吏所執辭云有追捕
設以關防辨其出入既愼守而無怠豈偏遊而能過景勤恪

居懷夙夜奉命以謂冠攘事切宜早圖之罔思呵察戒嚴不可踰也萑蒲乃司敗小事襟帶實國家大防仰老氏之文雖知善閉稽周公之制尚曰不征責已具於有司理難辭於靡鹽盍從致詰無信飾非

得乙以庶男冒婚丁女事發離之丁理饋賀衣物請以所下聘財折之不伏

婚以匹成嫡庶宜別訟由情察曲直可知將令人有所懲必在弊之不及相時庶孽冒乃婚姻情以矯誣始聞奸合事欺彰露旋見仳離既生非偶之嫌遂起納徵之訟辭多執競理有適歸乙則隱欺在法而聘財宜沒丁非罔冒原情而饋禮可追是非足明取與斯在

得乙在田妻餉不至路逢父告飢以餉饋之乙怒遂出妻妻不伏

象彼坤儀妻惟守順根乎天性父則本恩饌宜進於先生饍可
輟於田畯夫也望深饁彼方期相敬如賓父兮念切嚚然旋聞
受哺於子義雖乖於齊體孝則見於因心盍喜陟岵之仁翻
肆送織之怒孰親是念難忘父一之言不爽可徵無効士二
其行犬馬猶能有養爾豈無聞鳳凰欲阻于飛吾將不取

白氏文集卷第六十六

白氏文集卷第六十七

判五十道

得丁言豪富人畜奴婢過制請據品秩爲限約或

責其越職論事不伏

品秩異倫臧獲有數苟踰等列是紊典常丁志在作程惡
夫過制爰陳誠於白奏俾知禁於素封將使豪富之徒貲雖
積於鉅萬僮僕之限數無踰於指千抑淫義叶於隨時革弊
道符於漢日責其論事無乃失辭若守職以越思則爲出位
將盡忠於陳計難伏嘉言楚既失之鄭有辭矣

得甲爲邠州刺史正月令人修耒耜廉使責其失農候

訴云土地寒

教有權節業無易宜地苟異於寒溫農則殊於早晚甲分
憂率職從俗勉人天時有常農宜先定地氣不類寒則晚

成雖愆採木之時未建把草之候正惟廉使何昧遺風縱稼器之已修先成焉用苟圭膏之不起欲速何爲誠宜嘉乃辨方豈可詰其行古循諸周禮修未雖在於季冬訓此幽人于邦未乖於正月責則迂也訴之宜哉

得乙掌宿息井樹賓至不誅相翔者御史糾之辭云罪在守塗之人

姦或不誅吏將焉用苟欲科其官失必先辨以司存乙愼守無聞宄徒有息嘉賓戾止誠宜慮以相翔暴客聿來固合擒而勿佚旣嗜忝官禁是縱公行且戒事之前不申嚴於聚㯉愒官之後欲移過於守塗誠乖率屬之方宜甘責帥之罰然以官雖聯事等列或殊罪不同科重輕宜別比夫所屬請以異論

得景爲私客擅入館驛欲科罪辭云雖入未供

傳舍是崇使車攸處將供行李必辨公私何彼客遊欲從公

食豈無逆旅宜受饋於盤飧既匪使臣何苟求於館穀信
號饕飧而是啓寧僭濫之可容同周官之盧人宜銜命非鄭
氏之驛置豈延賓法既自干咎將誰任然則不應入而妄入刑
固難逃而已供與未供罪宜有别請從減降庶叶科條

得洛水暴漲吹破中橋往來不通人許其弊河南府云
雨水猶漲未可修橋縱苟施功水來還破請待水定人又
有辭

大水爲災中橋其壞車徒未濟誠有阻於往來修造從宜
亦和時之可否顧茲浩浩阻彼憧憧人許川梁不通壅而爲
弊府慮水沴荐至毁必重勞苟後患之不圖則前功之盡
棄將思濟衆固合俟時徵啓塞之文雖必葺於一日防懷襄
之害未可應乎七星無取人辭請依府見

得景爲將敵人遺之藥景受而飲之或責失人臣之節伏不

軍尚隱情臣宜守道況握中權之要當絕外交之嫌景命受建牙遇敵飲藥直雖可舉忠則不知且事君在公訓旅貴信失人臣之節爾豈自明惑士卒之心吾將安仰況兵惟尚詐人不易知同饋醪而無他推誠猶可苟毒流而不察雖悔寧追無謀既昧三思不伏恐涉貳過勿疑以飲徒徇陸抗之名未達而嘗且墜宣尼之訓是違師律難償鄰言

得丁將在別屯士卒有犯毋專殺戮御史舉劾訴稱曾受棨戟之賜

將非處右莫敢示威軍或別屯則宜專命丁位雖佐理分以戎行執專征之權錫弓於周典操司殺之柄受棨於漢儀既有令而必行信無瑕而可戮實握兵之能政奚執簡之舉違如或稟命於連營畏予不敢今則分部而賜戟無我有違宜崇魏絳之威勿議秦彭之罪

得甲告老請立長爲嗣長辭云不能請讓其弟或
詰之云弟好仁
讓賢雖仁廢長非順徒聞建善則理其如亂嗣不祥甲告老
於朝立子爲後雖急難自舉必有可觀者焉而長幼以倫
無所苟而已矣況欲正其爵位豈宜越以鴈行于弟克恭厥
兄徒見好仁之請知子莫若於父蓋從立長之言無忌雖欲傳
家季札終當棄室諒可致詰罔聽不能

得乙出妻妻訴云無失婦道乙云父母不悅則出何必
有過
孝養父母有命必從禮事舅姑不悅則出乙親存爲子年壯
有妻兆啓和鳴授室之儀雖備德非柔淑宜家之道則乖若
無爽於聽從曷見尤於譴怒信傷婉娩理合仳離且聞莫慰
母心則宜去矣何必有虧婦道然後棄之未息游詞請稽往事

姜詩出婦蓋爲小瑕鮑永去妻亦非大過明徵斯在薄許何爲

得景有姊之喪合除而不除或非之稱吾寡兄弟不忍

除也

喪雖寧戚禮且節哀俾不足與有餘必跂及而俯就景愛深血屬禮過時制興鮮兄之歎情既鍾於孔懷及居姊之喪服將除而不忍雖志崇敦睦而事越典彝況儀貴適中哀不在外宜抑情而順變多奚以爲苟在禮而或踰過猶不及請遵仲尼之訓無執季路之辭

得丁陷賊庭守道不仕賊帥逼之辭去堯舜在上下有巢許遂免所司欲旌其節大理執不許

臣節貴忠國經懋賞宜遵善道難廢彝章丁陷在賊庭強其祿仕敦在三之義因時難而名聞守無二之忠經歲寒而節見逼夷齊以周粟引巢許於唐臣身以道存情非利動

所當厚奬何乃深疑且人無不臣之心所謂順也邦有惟重之
典其可廢乎從亂則必論辜守道豈無旌善野哉大理信乃
執迷展矣所司誠爲勸沮

得景爲大夫有喪丁爲士而特弔或責之不伏

官有常尊禮無不敬位若殊於等列弔則異其節文景爲大
夫丁乃元士居喪而哭合遵朝夕之期弔以行奚越尊卑之
序既乖前典乃速斯言且禮貴明徵位宜慎守儻非其事信干
食菜之榮儀失其宜徒展贈藝之意是曰無上將何以觀

得吏部選人入試請繼燭以盡精思有司許之及考其
書判善惡與不繼燭同有司欲不許未知可否

旁求俊造追將簉仕歷試文辭俾從卜夜苟狂簡而無取宜
確執而勿聽萃彼羣才登于會府惟賢是急慮失寶於握珠
有命則從許借光於秉燭及乎考覈罕有菁英屬辭既謝

於揀金待問徒煩於繼火將期百鍊之後思苦彌精何意一場之中心勞逾拙曷如早已焉用晚成敢告有司勿從所請

得乙貴達有故人至坐於堂下進以僕妾之食或誚之乙曰恐以小利而忘大名故辱而激之也

貴賤苟合曾是夙交窮達相致乃爲執友乙既登貴仕爰有故人以爲念舊追歡知己之心未至行權勵節成人之美則多不登夫子之堂乃進僕人之食苟推誠而相激雖屈辱以何傷安實敗名重耳竟慙於子犯感而成事張儀終謝於蘇君是勉後圖且符往行如或識纔半面契未同心雖發憤以達人必取怨於謗已以斯致誚亦謂合宜

得景領縣府無蓄廩無儲管郡詰其慢職景云王者富人藏於下故也

賦斂異名君臣殊政藏諸百姓在王者而則然虛我千倉於

職司而不可景賈茲國用豐彼家財人不誅求誠爲寬政府無儲蓄寧匪慢官況今征稅有常公私兼濟苟能取之以道則下自樂輸何必蔵之於人使上將乏用旣爽奉公之節宜甘掠美之科罔縱縣辭請依郡詰

得丁食於喪者之側而飽或責之辭云主人食我以禮故飽

飲食以陳庶無求飽齋衰可恤仁豈忘情丁靡念人喪姑求主禮遇加籩之膳誠可療飢對泣血之哀亦宜忘味旣念吉蠲之饎是忘惻隱之心況舂於其鄰相猶違禮而食於其側飽亦非仁徒嘉施氏之儀且昧宣尼之教勿思變色當顧戚容

得甲爲獄吏囚走限内他人獲之甲請免罪

圜土不嚴罪人其遁亡而由己誠曰慢官獲則因人其何補過相維彼甲所謂彼司不念恪居御于羑里旋聞失守逸乃楚囚

雖非故縱所因曾是慢常而致徒稱勿佚未可塞違得於他
人自是踈網無漏失其所職豈可出匣不科無貪假手之功固
合甘心於罰

得乙川游所由禁之云有故要渡

示衆知防必修水禁救人鮮死無縱川游乙行險不思憑河
無悔慕吕梁之術習於浮水違周官之令忌彼危身將不弔
而是虞雖有故而宜禁忌子産踰政爾則狎而翫之引仲尼
格言吾恐蹈而死者既殊利涉當戒善游未可加刑且宜知懼

得景爲將每軍休止不繕營部監軍使劾其無備辭
云有營軍陣必成何必勞苦

將苟有謀勞而後逸師不用律臧亦爲凶況未靖方隅尚勤
征伐即戎推轂既崇四七之名臨敵屯營何乖什伍之列是使人
慢孰謂戎昭荷薄威雖欲恤勞徹營恐爲懈怠且有嚴有翼

猶奪先人之心不備不虞寧救長蛇之尾必也權能制勝謀必出奇亦待臨事有成然後斯言可信監軍之効舉未失中彼景之辭試可乃已

得丁乘車有醉吐車茵者丁不科而吏請罪之丁不許

克寬克仁所謂易事不知不慍是曰難能況乎醉起甕間嘔盈車上小人沉湎自貽誚於彼昏君子含弘乃忘情於斯怒宥過所宜無大知非庶使有慙未乖觀過之仁雅叶諦思之義且恕當及物察貴用情絕纓繼淫醉而猶捨吐茵及亂誤豈不容無從下吏之規庶叶前賢之美

得甲牛觝乙馬死請償馬價甲云在放牧處相觝請陪半價乙不伏

馬牛于牧蹄角難防苟死傷之可徵在故誤而宜別況日中出入郊外寢訛既谷量以齊胥驅或風逸之相及爾牛孔阜奮騂

角而莫當我馬用傷踠駮足而致斃情非故縱理合誤論在皂棧以來思罰宜惟重就桃林而招損償則從輕將息訟端請御律典當陪半價勿聽過求

得景娶妻三年無子舅姑將出之訴云歸無所從

承家不嗣禮許仳離去室無歸義難棄背景將崇繼代是用娶妻百兩有行既啓飛鳳之兆三年無子遂操別鵠之音將去舅姑終鮮親族雖配無生育誠合比於斷絃而歸靡適從庶可同於束蘊固難効於牧子宜自哀於鄧攸無抑有辭請從不去

得丁喪親賣宅以奉葬或責其無廟去貧無以爲禮

慎終之道必信必誠死葬之儀有豐有省諒欲厚於卜宅亦難輕於慮居丁昊天降凶遠日叶吉思葬具之豐備欲祔九原顧家徒之屢空將鬻三畝愛雖深於送死義且涉於傷生

念顏氏之貧豈宜厚葬覽子游之問固合稱家禮所貴於從宜孝不在於益侈蓋伸破産之禁以避無廟之嫌

得甲之周親執工伎之業吏曹以甲不合仕甲云今見修改吏曹又云雖改仍限三年後聽仕未知合否

業有四人職無二事如或居肆則不及仕門甲爰有周親是稱工者方恥役以事上且恩祿在其中有慕九流雖欲自遷其業未經三載安可同升諸公難違甲令之文宜守吏曹之限如或材高拔俗行茂出羣豈唯限以常科自可登乎大用以斯而議誰曰不然

得乙請用父蔭所司以贈官降正官蔭一等乙云父死王事合與正官同

官分正贈蔭別品階如酬死繼之勳則厚賞延之寵追恩乙父勵乃臣節捐軀致命尚克底定爾功繼代勸能豈忌勤恤我

後椒聊既稱有實桃李未可無陰忠且忌身優宜及嗣如或
病捐館舍贈官當合降階今則死衞國家叙蔭所宜同正廉
旌義烈用叶條章

得景爲録事參軍刺史有違法事景封狀奏聞或
責其失事長之道景云不敢不忠於國

守位居常小宜事大持法舉正卑可糾尊景名署外臺身由
中立直而自守郡郵之政必行明不相蒙州將之邪無隱且六
條枉撓百事滋昏苟不提綱是爲漏網雖舉違犯上虧敬長
之小心而陳奏盡忠得事君之大節既非下訕難抑上聞

得丁私發制書法司斷依漏泄坐丁訴云非密事請當
本罪

君命是專刑其無小王言非密罪則從輕丁乃攸司屬當行
下不慎厥德擅發如綸之言自災于身難求疎網之漏然則

法通加減罪有重輕必也志在私行唯當專達之責如或事
關樞密則科漏洩之辜請驗跡於紫泥方定刑於丹筆
　得甲爲所由稽緩制書法直斷合徒一年訴云違未經
十日
王命急宜行無停晷制書稽緩罪有常刑將欲正其科繩必先
揆以時日甲懈位敗度慢令速尤蓄怠棄之心既虧臣節壅
駿奔之命自抵國章然則審時勾稽考程定罪法直以役當
朞月所由以違未浹辰將計年以斷徒恐乖閱實請據日而
加等庶叶決平是曰由文俾乎息訟
　得乙盜買印用法直斷以僞造論訴云所由盜賣因買
　用之請減等
賄以公行印惟盜用罪之大者法可逃乎伊人無良同惡相
濟所由旣賕官爲墨子取予求彼乙乃竊器成姦不畏不入

潛謀斯露竊弄難容猶執薄言將求末減用因於買比自作
而雖殊情本於斯與僞造而何異以茲降等誠恐利淫

得有聖水出飲者日千數或謂僞言不能愈疾且恐爭

鬭請禁塞之百姓云病者所資請從人欲

執禁之要在乎去邪爲政之先必也無訟毖彼泉水流于道周飲瓢之人孔多蟻聞病間蠱觴之源不足必起爭端訟所由生欲不可縱上善未能利物左道足以惑人且稽以祥符衛之時事地不藏寶當今自出醴泉天之愛人從古未聞聖水無聽虛誕之說請塞訛僞之源

得景有志行隱而不仕爲郡守所辟稱是巫家不當選

吏功曹按其詭詐景不伏

鳴鶴處陰聲聞于外玄豹隱霧樂在其中此將適於退藏彼何強之維勢景業敦道行志薄宦情太守以舉爾所知將

申蒲帛之聘夫子以從吾所好不顧弓旌之招懼俗吏之徒勞引巫家以自穢冀其言遜獲免嗣以行詐論辜況商洛拂衣漢且求之不得穎川洗耳堯亦存而勿論天子尚不違情功曹如何按罪

得丁爲刺史見冬涉者哀之下車以濟之觀察使責其不順時修橋以徼小惠丁云恤下

津梁不修何以爲政車服有命安可假人丁職是崇班體非威重輕漢臣之寵失位於高車徇鄭相之名濟人於大水志雖恤下道昧叶中與其熊軾涉川小惠未遍曷若虹橋通路大道甚夷啓塞既闕於日修揭厲徒哀其冬涉事闕失政情近沽名宜科十月不成庶辨二天無政

得甲告其子行盜或誚其父子不相隱甲云大義滅親

法許原親慈通隱惡俾恩流于下亦直在其中甲忝齒人倫

忍傷天性義方失教曾莫愧於父頑攘竊成姦尚不爲其子隱道旣虧於庭訓禮遂闕於家肥且情比樂羊可謂不慈傷教況罪非石厚徒去大義滅親是不及情所宜致誚

得州府貢士或市井之子孫爲省司所詰申稱羣萃之秀出者不合限以常科

惟賢是求何賤之有況士之秀者而人其捨諸惟彼郡貢或稱市籍非我族類則嫌雜以蕭蘭舉爾所知安得弃其翹楚誠其惡於稗販諒難捨其茂異揀金於砂礫豈爲類賤而不收度木於澗松寧以地卑而見棄但恐所舉失德不可以賤廢人況乎識度冠時出自牛醫之後心計成務擢於賈豎之中在往事而足徵何常科而是限州申有據省詰非宜

得乙充選人識官選人代試法司斷乙與代試者同罪訴云實不知情

官擇賢良選稽名實苟作僞而心拙必代斵而手傷乙情非容姦行乖周慎將如吾盍遂充識以不疑未見子心果代試而有悔既彰聞而貽戚乃連坐以論辜察情諒不同謀結罪誠應異罰法無佽赦選者當准格論人不易知識官所宜情恕削奪恐爲過當貶降庶叶決平

得甲與乙爵位同甲以齒長請居乙上乙以皇宗不伏在甲下有司不能斷

庠序辯儀則先長長朝庭列位必尚親親惟彼周行是名同位德非心競禮失肩隨甲以桑榆年高何以卑我乙以葛藟族貴奚獨後予各興爭言之辞遂昧常尊之位然禮經尚齒且王室貴親晉鄭同儕信高卑之或等滕薛異姓諒先後之可知難遵少長之倫宜守親疎之序

得選舉司取有名之士或云不息馳騖恐難責實

聲雖非實善豈無名不可苟求亦難盡棄屬時當虛席任重
掄材思得士於聲華懼誘人於奔競若馳騖而方取慮非歲
貢之賢如寂寥而後求恐失日彰之善將期摭實必在研精
但取捨不私是開乎公道則吹噓無益自閉其倖門名勿論
於有無鑒自精於舉措

得太學博士教胄子毀方瓦合司業以非訓導之本不許
教惟馴致道在曲成將遜志以樂羣在毀方而和衆況化人由
學成性因師雖和光以同塵德終不雜苟圓鑿以方枘物豈
相容道且尚於無隅義莫先於不觚司業以訓導貴別或慮
雷同學官以容衆由寬何傷瓦合教之未墜蓋宣尼之言然文
且有徵則戴氏之典在將勸學者所宜懸之

得甲居家被妻毆詈之鄰人告其違法縣斷徒三年妻
訴云非夫告不伏

禮貴妻柔則宜禁暴罪非夫告未可麗刑何彼無良於斯有
怒三從罔敬待以庸奴之心一扶所加辱於女子之手作威信傷
於婦道不告未爽於夫和招訟於鄰誠愧聲聞于外斷徒不伏
未乖直在其中雖昧家肥難從縣見

得乙居家理廉使舉請授官吏部以無出身不許使執
云行成於內可移於官

調選正名誠宜守序敷求懋德安可拘文乙積行於中閭彰于
外廉使以道敦知己欲致我於青雲天官以限在出身將棄予
於白屋事雖異見理可明徵掄瑣瑣之材則循舊格刈翹
翹之楚寧守常科幸當仄席之求無惑刻舟之執况自家刑
國移孝入忠既聞道不虛行足見舉非失德所宜堅决無至深疑

得景定婚訖未成而女家改嫁不還財景訴之女家去
無故三年不成

義敦好合禮重親迎苟定婚而不成雖改嫁而無罪景謀將著代禮及問名二姓有行已卜和鳴之兆三年無故負愆嬿婉之期桃李恐失於當年榛栗遂移於他族既聞改適乃訴納徵揆情而嘉禮自虧在法而娉財不返女兮不爽未乖九十之儀夫也無良可謂二三其德去禮逾遠責人斯難

得丁爲大夫與管庫士爲友或非之云非交利也

見賢不稱且虧事上之節非義苟合則涉黷下之嫌丁貴乃立家友其管庫不思進善徒務降尊若接而或非自貽交利之責儻知而不舉則速蔽賢之尤既未覈於是非姑欲齊乎貴賤況公叔薦士家臣尚見同外雖文子好能管庫不聞爲友信乖愼守宜及或非

得四軍帥令禁兵於禁街中種田御史劾以無勑文辭云因循歲久且有利於軍

爲國勸農田疇有制示人知禁衢路攸先瞻彼三農藝斯五稼且町疃是務豈是贍軍雖轍迹不加未爲曠土輦轂必資於平易康莊難縱以荒蕪務有畔之農秋成而利亦蓋寡侵如砥之道歲久而弊則滋多請論環衞之非式表鐵冠之刻

得甲爲郡守部下漁色御史將責之辭云未授官巳前納采

諸侯不下用戒淫風君子好求未乖婚義甲既榮爲郡且念宜家禮未及於結褵責巳加於執憲求娶於本部之内雖處嫌疑定婚於授官之前未爲縱欲況禮先納采足明嬿婉之求娉則爲妻殊非强暴之政宜聽隼旟之訴難科漁色之辜

得乙爲三品見本州刺史不拜或非之稱品同

桑梓攸重必在恪恭官品斯同則宜抗禮乙班榮是踐威重可觀況衣錦還鄉巳崇三品之秩雖剖符臨郡應無再拜之

儀豈以州里版圖而紊邦家典制如或商周不敵敢不盡禮事君今且晉鄭同儕安得降階卑我既不慼素何恤或非

得景爲獸人冬不獻狼責之訴云秦地無狼

鮮或不給既曠乃官辭且無徵是重而罪景獸人斯掌禽獻因供當路可求曾不思於疐尾充庖爲用遂有闕於去膓既愆冬獻之期難償西鄰之責載詳地產重抵國章薦必以時吾能言於周有生靡非常所予勿謂其秦無縱口給之不懃在面欺而無捨

得景負丁財物丁不告官強取財物過本數縣司以數外贓論之不伏

人縱於貪動而生悔物非其道取則有贓丁放利欲贏景逋債未償懷不忌而強取姑務豐財寔無猒之過求豈非黷貨情難容於強暴法必禁以奪攘以交易而求多尚宜准盜在倍

稱而過數孰謂非贓若以律論當從縣斷

得乙請襲爵所司以乙除喪十年而後申請引格不許

乙云有故不伏

爵命未墜嗣襲有期在紀律而或愆當職司而宜舉乙舊德將繼新命未加所宜纂彼前修相承以一子何乃廢其後嗣自棄於十年歲月既已滋深公侯固難必復然以法通議事理貴察情如致身於宴安則宜奪爵若居家而有故尚可策名須待畢辭方期措理

得丁爲士葬其父用大夫禮或責其僭辭云從死者

禮惟辨貴孝不貶親是謂奉先孰云僭上丁慶加一命憂及三年凶降昊天且結茹荼之痛吉從遠日方追食菜之榮既貴賤之殊宜亦父子之異道同曾元易簀正位於大夫殊晏嬰遣車見非於君子未爽愼終之義允符從死之文辭則有徵

責之非當

得甲將死命其子以嬖妾爲殉其子嫁之或非其違父

之命子去不敢陷父於惡

覿行慰心則稟父命辨惑執禮宜全子道甲立身失正没

齒歸亂命子以邪生不戒之在色愛妾爲殉死而有害於

人違則弃言順爲陷惡三年之道雖奉先而無改一言以失

難致親於不義誠宜嫁是豈可順非況孝在愼終有同魏顆

理命事殊改正未傷莊子難能宜忘在耳之言庶見因心

之孝

白氏文集卷第六十七

福安陳仁壽甲午春記

白氏文集卷第六十八

碑誌序記表讚論衡書　凡十三首

故京兆元少尹文集序
海州刺史裴君夫人李氏墓誌銘　并序
如信大師功德幢記
華嚴經社石記
吴郡詩石記
吴興靈鶴讚
錢塘湖石記
蘇州刺史謝上表
三教論衡
沃州山禪院記
修香山寺記
薦李晏韋楚狀
與劉蘇州書

故京兆元少尹文集序

天地間有粹靈氣焉萬類皆得之而人居多就人中文人得之又居多蓋是氣凝爲性發爲志散爲文粹勝靈者其文冲以

恬靈勝粹者其文宣以秀粹靈均者其文蔚溫雅淵踈貞麗利撿不拘達不放古常而不鄙新奇而不怪吾友居敬之文其殆庶幾乎居敬姓元名宗簡河南人自舉進士歷御史府尚書郎訖京亞尹二十年著格詩一百八十五律詩五百九賦述名記書碣讚序七十五揔七百六十九章合三十卷長慶三年冬疾彌留將啓手無他語語其子途云吾平生酷嗜詩白樂天知我者我歿其遺文得樂天爲之序無恨矣既而途奉理命號而告予無幾何會予自中書舍人出牧杭州歲餘改右庶子移疾東洛明年復刺蘇州四年間三換官往復奔命不啻萬里席不遑煖矧筆硯乎故所託文久未果就及刺蘇州又劇郡治數月政方暇因發閱篋袠睹居敬所著文其間與予唱和者數十首燭下諷讀憯惻久之怳然疑居敬在傍不知其一生一死也遂援筆草序序成復視涕與翰俱悲且

吟曰黃壤詎知我白頭徒念君唯將老年淚一灑故人文書遺文三十軸軸軸金玉聲龍門原上土埋骨不埋名嗚呼居敬若職業之恭慎居處之莊潔操行之貞端襟靈之曠淡骨肉之敦愛丘園之安樂山水風月之趣琴酒嘯詠之態與人久要遇物多情皆布在章句中開卷而盡可知也故不序

時寶曆元年冬十二月乙酉夕在吳郡西園北齋東牖下作序

海州刺史裴君夫人李氏墓誌銘并序

夫人贊皇縣君李氏趙郡高邑人也六代祖素立安南都護五代祖休烈趙州刺史高祖諱至遠天官侍郎曾祖畬國子司業祖諱承工部尚書湖南觀察使考諱藩門下侍郎同平章事贈戶部尚書夫人諱娥相國長女也適河東裴君克諒今爲海州刺史一子曰鍼左衛騎曹參軍一女適隴西李遂遂爲壽州錄事參軍由此而上得於國史家諜去夫人爲相門

女邦君妻不以華貴驕人能用恭儉克己撫下若子敬夫如
賓衣食之餘傍給五服親族之飢寒者又有餘散霑先代僕
使之老病者又有餘分施佛寺僧徒之不足者濟衣菲食服
勤禮法禮法之外諷釋典持真言棲心空門等觀生死故治
家之日欣然自適捐館之夕恬然如歸寶曆三年三月一日疾
終于海州官第其歲十一月十四日歸祔于某所先塋享年五
十有四夫人之從裴君也歷官九任凡三十一年族睦家肥輔佐之
力也由此而上得於裴君狀云夫源遠者流長根深者枝茂噫
李氏之世祿世德有所從來矧相國端方廉雅孝友忠肅自
從事彭城登庸宰府不以夷險而遷其道宜乎居極位享名
賢也夫人敬恭勤儉柔順慈惠自女於室婦於家不以初終而
急其行宜乎啓封邑光德門也裴君修文達政絜己愛人自佐
邑從軍連牧二郡不以寒暑而易其心宜乎荷百祿号良二千

石也嗚呼非此父不生此女非是夫不稱是妻斯所謂類以
相從合而具美者也論譔表誌其可闕乎銘曰
高邑之祥　降於李氏　相門之慶　鍾于女子　女子有行
歸我裴君　君亦良士　宜賢夫人　夫人雖歿　風躅具存
勒名泉戶　作範閨門

如信大師功德幢記

有唐東都臨壇開法大師長慶四年二月十三日終于聖善寺
花嚴院春秋七十有五夏臘五十二是月二十二日移窆于龍
門山之南崗寶曆元年某月某日遷葬于奉先寺祔其先
師塔廟穴之上不封不樹不廟不碑不勞人不傷財唯立佛
頂尊勝陁羅尼一幢幢高若干尺圍若干尺六隅七層上覆
下承佛儀在上經呪在中記讚在下皆師所囑累門人奉遺
志也師姓康号如信襄城人始成童授蓮花經於釋嵩嚴既

具戒學四分律於釋晤後傳六祖心要於本院先師淨名楞伽俱舍百法經根論枝罔不通焉繇是禪與律交修定與慧相養蓄爲道粹揭爲僧豪自建中訖長慶凡九遷大寺居十補大德位蒞法會主僧盟者二十二年勤宣佛命卒復祖業若貴賤若賢愚若小中大乘人游我門繞我座禮我足如羽附鳳如水會海於戲非夫動爲儀言爲法心爲道塲則安能使化緣法衆悅隨欣戴一至於是耶同學大德繼居本院者曰智如弟子上首者曰嚴隱曁歸靖藏周常貴懷嵩圓恕圓昭貞操等若干人聚謀幢事琢刻既成將師理命請蘇州刺史白居易爲記記既訖因書二四句偈以讚云

師之度世　以定以慧　爲醫藥師　救療一切　師之闍維
不塔不祠　作功德幢　與衆共之

華嚴經社石記

有杭州龍興寺僧南操當長慶二年請靈隱寺僧道峯講大方廣佛華嚴經至華藏世界品聞廣博嚴淨事操歡喜發願願於白黑衆中勸十萬人人轉華嚴經一部十萬人又勸千人人諷華嚴經一卷每歲四季月其衆大聚會於是攝之以社齊之以齋自二年夏至今年秋凡十有四齋每齋操捧香跪啓於佛曰願我來世生華藏世界大香水海上寶蓮金輪中毗盧遮那如來前與十萬人俱斯足矣又於衆中募財置良田千頃歲取其利永給齋用予前牧杭州時聞操發是願今牧蘇州時見操成是功操自杭詣蘇凡三請於予曰操八十一矣朝夕追盡恐社與齋來者不能繼其志乞爲記誡俾無廢墜予即十萬人中一人也宜乎志而贊之噫吾聞一毛之施一飯之供終不壞滅況田千畝齋四時用不竭之征備無窮之供乎噫吾聞一願之力一偈之功終不壞滅況十

二部經常出於千人口乎況十萬部經常入於百千人耳乎吾
知操徒必果是願若經之句義若經之功神則存乎本傳若社
人之姓名若財施之名數則列于別碑斯石之文但敘見願集
來緣而巳寶曆二年九月二十五日前蘇州刺史白居易記

吴郡詩石記

貞元初韋應物爲蘇州牧房孺復爲杭州牧皆豪人也韋嗜詩
房嗜酒每與賓友一醉一詠其風流雅韻多播於吴中或目
韋房爲詩酒仙時予始年十四五旅二郡以幼賤不得與遊宴
尤覺其才調高而郡守尊以當時心言異日蘇杭苟獲一郡足
矣及今自中書舍人閒領二州去年脱杭印今年佩蘇印既醉
於彼又吟於此酣歌狂什亦往往在人口中則蘇杭之風景韋
房之詩酒兼有之矣豈始願及此哉然二郡之物狀人情與曩
時不異前後相去三十七年江山是而齒髮非又可嗟矣韋在此

州歌詩甚多有郡宴詩云兵衛森畫戟燕寢凝清香最為
警策今刻此篇于石傳貽將來因以予旬宴一章亦附于後雖
雅俗不類各詠一時之志偶書石背且償其初心焉寶曆元年
七月二十日蘇州刺史白居易題

吴興靈鶴賛 事具黃籙齋記中

有鳥有鳥　從西北來　丹腦火綴　白翎雪開　遼水一去
緱山不廻　噫吴興郡　孰爲來哉　寶曆之初　三元四齋
天無微飈　地無纖埃　當白晝下　與紫雲偕　三百六十
拂壇徘徊　上昭玄貺　下屬仙才　誰其居之　太守姓崔

錢唐湖石記

錢唐湖事刺史要知者四條具列如左
錢唐湖一名上湖周迴三十里北有石函南有筧凡放水溉田每
減一寸可溉十五餘頃每一復時可溉五十餘頃先須别選公勤

軍吏二人立於田次與本所由田戶據頃畝定日時量尺寸節
限而放之若歲旱百姓請水須令經州陳狀刺史自便押帖
所由即日與水若待狀入司符下縣縣帖鄉鄉差所由動經旬
日雖得水而旱田苗無所及也大抵此州春多雨夏秋多旱若
隄防如法蓄洩及時即瀕湖千餘頃田無凶年矣州圖經云湖水溉田五百餘頃
謂係田也今按水利所及其公私田不啻千餘頃也自錢唐至鹽官界應溉夾官河田湖放湖入
河從河入田準鹽鐵使舊法又須先量河水淺深待溉田畢
却還本水尺寸往往旱甚即湖水不充今年修築湖堤高加
數尺水亦隨加即不啻足矣脫或不足即更決臨平湖添注官
河又有餘矣雖非溉田時若官河乾淺但放湖水添注可以立通舟船俗云決放湖水不利錢唐
縣官縣官多假他詞以惑刺史或云魚龍無所託或云茭菱失
其利且魚龍與生民之命孰急茭菱與稻粱之利孰多斷可
知矣又云放湖即郭內六井無水亦妄也且湖底高井管低湖

中又有泉數十眼湖耗則泉湧雖盡竭湖水而泉用有餘況前後放湖終不至竭而云井無水謬矣其郭中六井李泌相公典郡日所作甚利於人與湖相通中有陰竇往往堙塞亦宜數察而通理之則雖大旱而井水常足湖中有無稅田約十數頃湖淺則田出湖深則田沒田戶多與所由計會盜泄湖水以利私田其石函南筧并諸小筧闥非澆田時並須封閉築塞數令巡檢小有漏泄罪責所由即無盜泄之弊矣又若霖雨三日已上即往往堤決須所由巡守預為之防其筧之南舊有缺岸若水暴漲即於缺岸泄之又不減兼於石函南筧泄之防堤潰也（大約水去石函口一尺為限過此須泄之）予在郡三年仍歲逢旱湖之利害盡究其由恐來者要知故書於石欲讀者易曉故不文其言長慶四年三月十日杭州刺史白居易記

蘇州刺史謝上表

臣居易言伏奉三月四日恩制授臣使持節蘇州諸軍事守
蘇州刺史臣以其月二十九日發東都今月五日到州當日上訖
時當明盛寵在藩條祇命荷恩以感以懼臣某誠歡誠幸
頓首頓首伏惟皇帝陛下嗣膺曆數重造寰區將致升平
在先政化詢求牧守勤恤黎元實陛下愼選惟良之秋責成
共理之日也臣以微陋早忝班行前自中書舍人出爲杭州刺史
幸免敗闕實無政能已蒙寵榮入改宮相今奉恩寄又分郡
符獎飾具載於詔中慶幸實生於望外況當今國用多出
江南江南諸州蘇最爲大兵數不少稅額至多土雖沃而尚
勞人徒庶而未富宜擇循良之吏委以撫綏豈臣瑣劣之才合
當任使然既奉成命敢不誓心必擬夕惕夙興焦心苦節唯詔
條是守唯人瘼是求諭陛下憂勤之心布陛下慈和之澤則亭
育之下疲人自當感恩而歲時之間微臣或希報政塵瀆皇

鑒吐露赤誠寵至空蔫恩深未荅無任慙惶懇激之至謹差
軍事散將某乙奉表陳謝以聞臣某誠惶誠恐頓首頓首謹

三教論衡

大和元年十月皇帝降誕日奉勑召入麟德殿内道場對御
三教談論略録大端不可具載

第一座　秘書監賜紫金魚袋白居易　安國寺賜紫引駕沙門義林　太清宮賜紫道士楊弘元

序

中大夫守秘書監上柱國賜紫金魚袋臣白居易言談論之先
多陳三教讚揚演説以啓談端伏料聖心飽知此義伏計聖聽
飫聞此談臣故略而不言唯序慶誕贊休明而已聖唐御區
宇二百年皇帝承祖宗十四葉大和初歲良月上旬天人合應
之期元聖慶誕之日雖古者有祥虹流月瑞電繞樞彼皆瑣
微不足引諭伏惟皇帝陛下臣妾四夷父母万姓恭勤以修已

慈儉以養人戎夏又安朝野無事特降明詔式會嘉辰開達
四聰闡揚三教儒臣居易學淺才微謬列禁筵猥登講座天
顔咫尺隕越于前竊以釋門義林法師明大小乘通内外學
靈山嶺岫苦海津梁於大衆中能師子吼所謂彼上人者難
爲酬對然臣稽先王典籍假陛下威靈發問既來敢不響荅

僧問

義林法師所問毛詩稱六義論語列四科何者爲四科何者爲
六義其名與數請爲備陳者

對

孔門之徒三千其賢者列爲四科毛詩之篇三百其要者分爲
六義六義者一曰風二曰賦三曰比四曰興五曰雅六曰頌此六義
之數也四科者一曰德行二曰言語三曰政事四曰文學此四科
之目也在四科内列十哲名德行科則有顔淵閔子騫冉伯

牛仲弓言語科則有宰我子貢政事科則有冉有季路文學科則有子游子夏此十哲之名也四科六義之名數今已區別四科六義之旨意今合辨明請以法師本教佛法中比方即言下曉然可見何者即如毛詩有六義亦猶佛法之義例有十二部分也佛經千萬卷其義例不出十二部中毛詩三百篇其旨要亦不出六義內故以六義可比十二部經又如孔門之有四科亦猶釋門之有六度六度者六波羅蜜者即檀波羅蜜尸波羅蜜羼提波羅蜜毗梨耶波羅蜜禪定波羅蜜般若波羅蜜以唐言譯之即布施持戒忍辱精進禪定智慧是也故以四科可比六度又如仲尼之有十哲亦猶如來之有十大弟子即迦葉阿難須菩提舍利弗迦旃延目乾連阿那律優波離羅睺羅是也故以十哲可比十大弟子夫儒門釋教雖名數則有異同約義立宗彼此亦無差別所謂同

出而異名殊途而同歸者也所對若此以爲何如更有所疑
即請重難

難

法師所難十哲四科先標德行然則曾參至孝孝者百行
之先何故曾參獨不列於四科者

對

曾參不列四科者非爲德行才業不及諸人也蓋繫於一時之
事耳請爲始終言之昔者仲尼有聖人之德無聖人之位棲棲
應聘七十餘國與時竟不偶知道終不行感鳳泣麟慨然有
吾已矣夫之歎然後自衛反魯刪詩書定禮樂修春秋立一
王之法爲萬代之教其次則敘十哲倫四科以垂示將來當此
之時顔閔游夏之徒適在左右前後目擊指顧列入四科亦一時
也孝經云仲尼居曾子侍此言仲尼閑居之時曾參則多侍從

曾參至孝不忍一日離其親及仲尼旅遊歷聘自衛反魯之時曾參或歸養於家不從門人之列倫擬之際偶獨見遺由此明之非曾參德行才業不及諸門人也所以不列四科者蓋一時之闕耳因一時之闕爲萬代之疑從此辨之可無疑矣

問僧

儒書奧義既已討論釋典微言亦宜發問

問

維摩經不可思議品中云芥子納須弥須弥至大至高芥子至微至小豈可芥子之内入得須弥山乎假如入得云何得見假如却出云何得知其義難明請言要旨僧答不録

難

法師所云芥子納須弥是諸佛菩薩解脱神通之力所致也敢問諸佛菩薩以何因緣證此解脱修何智力得此神通必

有所因願聞其說僧荅不録

問道士

儒典佛經討論既畢請迴餘論移問道門臣居易言我大和皇帝祖玄元之教挹清淨之風儒素緇黃鼎足列座若不講論玄義將何啓迪皇情道門楊弘元法師道心精微真學奥秘爲仙列上首與儒爭衡居易竊覽道經粗知玄理欲有所問冀垂發蒙

問

黄庭經中有養氣存神長生久視之道嘗聞此語未究其由其義如何請陳大略道士荅不録

難

法師所荅養氣存神長生久視之大略則聞命矣敢問黄者何義庭者何物氣養何氣神存何神誰爲此經誰得此道將

明事驗幸爲指陳（道士答不録）

道士問

法師所問孝經云敬一人則千萬人悦其義如何者

對

謹按孝經廣要道章云敬者禮之本也敬其君則臣悦敬一人則千萬人悦所敬者寡而悦者衆此之謂要道也夫敬者謂忠敬盡禮之義也悦者謂悦懌歡心之義也要道者謂施少報多簡要之義也如此之義明白各見於經文其間別有所疑即請更難

難

法師所難云凡敬一人則合一人悦敬二人則合二人悦何故敬一人而千萬人悦又問所悦者何義所敬者何人者

對

孝經所云一人者謂帝王也王者無二故曰一人非謂臣下衆
庶中之一人也若臣下敬一人則一人悅敬二人則二人悅若敬君
上雖一人即千萬人悅何以明之設如有人盡忠於國盡敬於
君天下見之何人不悅豈止千萬人乎設如有人不忠於國不
敬於君天下見之何人不怒亦豈止千萬人乎然敬即禮也禮
即敬也故傳云見有禮於其君者事之如孝子之養父母也如
此則豈獨空悅乎亦將事而養之也見無禮於其君者誅之如
鷹鸇之逐鳥雀也如此則豈獨空不悅乎亦將逐而誅之也由
此而言則敬不敬之義悅不悅之理了然可見復何疑哉

退

臣伏准三殿談論承前舊例朝臣因對敭之次多自敘才能
及平生志業臣素無志業又乏才能恐煩聖聰不敢自敘謹退

沃洲山禪院記

沃洲山在剡縣南三十里禪院在沃洲山之陽天姥岑之陰南對天台而華頂赤城列焉北對四明而金庭石鼓介焉西北有支遁嶺而養馬坡放鶴峯次焉東南有石橋溪溪出天台石橋因名焉其餘卑巖小泉如子孫之從父祖者不可勝數東南山水越爲首剡爲面沃洲天姥爲眉目夫有非常之境然後有非常之人棲焉晉宋以來因山洞開厥初有羅漢僧西天竺人白道猷居焉次有高僧竺法潛支遁林居焉次又有乹興淵支遁開威蘊崇實光識斐藏濟度逞印凡十八僧居焉高士名人有戴逵王洽劉恢許玄度殷融郄超孫綽桓彥表王茍仁何次道王文度謝長霞袁彥伯王蒙衛玠謝萬石蔡叔子王羲之凡十八人或遊焉或止焉故道猷詩云連峯數千里脩林帶平津茅茨隱不見雞鳴知有人謝靈運詩云暝投剡中宿明登天姥岑高高入雲霓還期安可尋盖人與山

相得於一時也自齊至唐茲山寖荒靈境寂寥罕有人遊故詞人朱放詩云月在沃洲山上人歸剡縣江邊劉長卿詩云何人住沃洲此皆愛而不到者也大和二年春有頭陀僧白寂然來遊茲山見道猷支竺遺跡泉石盡在依依然如歸故鄉戀不能去時浙東廉使元相國聞之始爲卜築次廉使陸中丞知之助其繕完三年而禪院成五年而佛事立正殿若干間齋堂若干間僧舍若干間夏臘之僧歲不下八九十安居遊觀之外日與寂然討論心要振起禪風白黑之徒附而化者甚衆嗟乎支竺殁而佛聲寢靈山廢而法不作後數百歲而寂然繼之豈非時有待而化有緣耶六年夏寂然遣門徒僧常贄自剡抵洛持書與圖詣從叔樂天乞爲禪院記云

昔道猷肇開茲山後寂然嗣興茲山今日樂天又垂文茲山異乎哉沃洲山與白氏其世有緣乎

修香山寺記

洛都四郊山水之勝龍門首焉龍門十寺觀遊之勝香山首焉香山之壞久矣樓亭騫崩佛僧暴露士君子惜之予亦惜之佛弟子恥之予亦恥之頃予為庶子賓客分司東都時性好閑遊靈跡勝槩靡不周覽每至茲寺慨然有葺完之願焉迨今七八年幸為山水主是償初心復始願之秋也似有緣會果成就之噫予早與故元相國微之定交於生死之間冥心於因果之際去年秋微之將薨以墓誌文見託既而元氏之老狀其臧獲輿馬綾帛洎銀鞍玉帶之物價當六七十万為謝文之贄來致於予予念平生分文不當辞贄不當納自秦抵洛往返再三訖不得已迴施茲寺因請悲智僧淸閑主張之命謹幹將士復掌治之始自寺前亭一所登寺橋一所連橋廊七間次至石樓一所連廊六間次東佛龕大屋十一間次

南賓院堂一所大小屋共七閒凡支壞補缺壘隤覆漏杇墁之
功必精赭堊之飾必良雖一日必葺越三月而就譬如長者壞
宅鬱爲導師化城於是龕龍像無燥濕陊泐之危寺僧有經行
宴坐之安游者得息肩觀者得寓目閔塞之氣色龍潭之景
象香山之泉石石樓之風月與往來者耳目一時而新士君子
佛弟子豁然如釋憾刷恥之爲清閑上人與予及微之皆夙舊
也交情願力盡得知之感往念來歡且賛曰凡此利益皆名功
德而是功德應歸微之必有以滅宿殃薦冥福也予應曰嗚呼
乗此功德安知他劫不與微之結後緣於茲土乎因此行願安
知他生不與微之復同遊於茲寺乎言及於斯漣而涕下唐大
和六年八月一日河南尹太原白居易記

薦李晏韋楚狀

河南府

朝議大夫前使持節海州諸軍事守海州刺史

上柱國李晏

右前件官比任海州刺史被本道節度使配諸州税麥一例加估糴錢晏頻申奏恐損百姓本使稱用軍事切不得已而從之及被人論朝庭勘覆責不聞奏除替削階在法誠合舉行於晏即爲獨屈況晏累爲宰牧皆著良能清白公勤頗聞於衆自經停罷已渉三年退居洛陽窮餓至甚身典三郡家無一金據此清廉別堪優奬又建中初李正已與納連反汴河阻絶轉輸不通晏先父洧即正已堂弟爲徐州刺史當叛亂之時洧以一郡七城歸國効順弃一家百口任賊誅夷開運路之咽喉斷兇渠之右臂遂使逆謀大挫妖寇胥消從此徐州埇橋至今永爲内地如洧之子實可念之臣以洧之忠功不可忘晏之吏持不可弃伏希聖念量授一官庶使廉吏忠臣聞之有所激勸

伊闕山平泉處士韋楚

右件人隱居樂道獨行善身斂跡市朝息機名利況家傳簪組兄在班行而楚獨棲山卧雲練氣絶粒滋味不接於口塵埃不染其心二十餘年不改其樂志齊箕潁節類顏原搢紳之間多所稱歎臣爲尹正合具薦論雖飛鴻入冥自忘飲啄而白駒在谷亦貴縶維儻蒙寘彼周行縻之好爵降羔鴈之禮命助鵷鷺之羽儀足以厚貞退之風遏躁進之俗茲亦感事有裨

聖朝

以前件如前臣伏以念切振滯前王之令猷貢士推能長吏之本職其李晏韋楚並居府界不踐公門臣實諳知輒敢論薦有涉塵黷無任兢惶謹具奏聞伏聽勑旨

大和六年六月二十六日河南尹臣白 居易 狀奏

與劉蘇州書

夢得閤下前者枉手札數幅兼惠荅憶春草報白君已下五六章發函披文而後喜可知也又覆視書中有攘臂痛拳之戲笑與卅會甚樂甚樂誰復知之因有所去續前言之戲耳試爲留聽與閤下在長安時合所著詩數百首題爲劉白唱和集卷上下（事具集解中）去年冬夢得由禮部郎中集賢學士遷蘇州刺史冰雪塞路自秦徂吳僕方守三川得爲東道主閤下爲僕稅駕十五日朝觴夕詠頗極平生之歡各賦數篇視草而别歲月易得行復周星一往一來忽又盈篋誠知老醜冗長爲少年者所嗤然吳苑洛城相去二三千里捨此何以啓齒而解頤哉嗟乎微之先我去矣詩敵之勍者非夢得而誰前後相荅彼此非一彼雖無虛可擊此亦非利不行但止交綏未甞失律然得雋之句警策之篇多因彼唱此和中得之他人未甞能發也所以輒自愛重今復編而次焉以附前集合前三卷題此

卷爲下遷前下爲中命曰劉白吳洛寄和卷自大和六年冬送
夢得之任之作始居易頓首

白氏文集卷第六十八

白氏文集卷第六十九　碑序解祭文記　凡七十二首

饒州刺史吳府君神道碑
蘇州石壁經碑　池上篇序
因繼集重序　劉白唱和集解
祭韋司空文　祭郎中弟文
祭李司徒文　祭元相微之文
長城縣令贈戶部侍郎崔君神道碑
泗州開元寺明遠大師塔碑銘　并序
東都聖善寺智和尚茶毗幢記

故饒州刺史吴府君神道碑銘 并序

汩市朝溺妻子非達也囚山林擯血屬亦非達也若有人與羣動處一代間彼爲彼我爲我不自潔不自汚不巢許不伊呂水其心雲其身浮沉消息無往而不自得者其達人乎吾友吴君從事於斯矣君諱丹字眞存太子通事舍人覽之曾孫睦州司馬庶之孫太子宮門郎贈工部尚書詮之長子以進士第入官官歷正字協律郎大理評事監察殿中侍御史太子舍人水部庫部員外郎都官駕部郎中諫議大夫大理少卿饒州刺史職歷義成軍節度推官浙西道節度判官潼關防禦判官鎮州宣慰副使勔國使階至中大夫勳至上柱國讀書數千卷著文數萬言寶曆元年六月某日薨于饒州官次其年十一月某日葬于常州晉陵縣仁和鄉北原從遺志也君生四五歲弄泥沙時所作戲輒象道家法事八九歲弄筆硯

時所出言輙類詩家篇章不自知其然蓋宿集儒玄之業明矣旣冠喜道書奉真籙每專氣入靜不粒食者累歲顥氣充而丹田澤飄然有出世心旣壯在家爲長屬有三幼弟八穉姪嗷嗷慄慄不忍見其飢寒慨然有干祿意乃曰肥遁不可以立訓吾將業儒以馳名名競不可以恬神吾將體玄以育德凍餒不可以安道吾將強學以徇祿祿位不可以多取吾將知足而守中繇是去江湖來京師求名得名求祿得祿身榮家給之外無長物無越思素琴在左黃庭在右澹乎自處與天和始終履仕途二十七年享壽命八十二歲無室家累無子孫憂屈伸寵辱委順而已未嘗一日戚戚其心至于歸全反真故予所謂達人之徒歟信矣仲弟湖州長史某以予辱與其兄游旣爲同門生又爲同舍郎周知初終託爲碑紀噫先生之道吾能引古以明之銘曰

漢中大夫　東方曼倩　夏侯湛高之　作廟貞讃
唐中大夫　眞存先生　白樂天知之　作神道銘
嗚呼二大夫　異代而同塗　其皆達者乎

蘇州重玄寺法華院石壁經碑文

碑在石壁東次石壁在廣德法華院西南隅院在重玄寺西若干步寺在蘇州城北若干里以華言唐文譯刻釋氏經典自經品衆佛號以降字加金焉夫開士悟入諸佛知見以了義度無邊以圓教垂無窮莫尊於妙法蓮華經凡六万九千五百五言證無生忍造不二門住不可思議解脫莫極於維摩經凡二万七千九十二言攝四生九類入無餘涅槃實無得度者莫先於金剛般若波羅蜜經凡五千二百八十七言壞罪集福淨一切惡道莫急於佛頂尊勝陁羅尼經凡三千二十言應念順願願生極樂土莫疾於阿弥陁經凡一千八百言用正見觀眞相莫出於觀

音普賢菩薩法行經凡六千九百九十言詮自性認本覺莫深
於實相法密經凡三千一百五言空法塵依佛智莫過於般若
波羅蜜多心經凡二百五十八言是八種經具十二部合一十一万
六千八百五十七言三乘之要言万佛之秘藏盡矣是石壁積
四重高三尋長十有五常厚尺有咫有石蓮敷覆其上下有
石神固護其前後火水不能燒漂風日不能搖消所謂施無上
法盡未來際者也唐長慶二年冬作大和三年春成律德沙門
清晃矢厥謀清海繼厥志門弟子南容成之道則終之寺僧
契元捨藝而書之郡守居易施詞而讚之讚曰
佛涅槃後世界空虛惟是經典與衆生俱設有人書貝葉上藏
檀龕中非堅非久如蠟印空假使人刺血爲墨剥膚爲紙即壞
即滅如筆畫水噫畫水不若文石印蠟不若字金其功不朽其義
甚深故吾謂石經功德契如來付囑之心

池上篇 并序

都城風土水木之勝在東南偏東南之勝在履道里里之勝在西北隅西閈北垣第一第即白氏叟樂天退老之地地方十七畝屋室三之一水五之一竹九之一而島樹橋道間之初樂天既爲主喜且曰雖有臺無粟不能守也乃作池東粟廩又曰雖有子弟無書不能訓也乃作池北書庫又曰雖有賓朋無琴酒不能娛也乃作池西琴亭加石樽焉樂天罷杭州刺史時得天竺石一華亭鶴二以歸始作西平橋開環池路罷蘇州刺史時得太湖石白蓮折腰菱青板舫以歸又作中高橋通三島逕罷刑部侍郎時有粟千斛書一車洎臧獲之習筦磬絃歌者指百以歸先是潁川陳孝山與釀法酒味甚佳博陵崔晦叔與琴韻甚清蜀客姜發授秋思聲甚淡弘農楊貞一與青石三方長平滑可以坐臥大和三年夏樂天始得請爲太子賓

客分袟於洛下息躬於池上凡三任所得四人所與洎吾不才身
今率爲池中物矣每至池風春池月秋水香蓮開之旦露清鶴
唳之夕拂楊石舉陳酒援崔琴彈姜秋思頽然自適不知其
他酒酣琴罷又命樂童登中島亭合奏霓裳散序聲隨風
飄或凝或散悠揚於竹烟波月之際者久之曲未竟而樂天陶
然已醉睡於石上矣睡起偶詠非詩非賦阿龜握筆因題石間
視其粗成韻章命爲池上篇云尒

十畝之宅五畝之園有水一池有竹千竿勿謂土狹勿謂地偏足
以容膝足以息肩有堂有亭有橋有船有書有酒有歌有
絃有叟在中白鬚飄然識分知足外無求焉如鳥擇木姑務
巢安如鼃居坎不知海寬靈鶴怪石紫菱白蓮皆吾所好盡
在我前時引一盃或吟一篇妻孥熙熙雞犬閑閑優哉游哉
吾將終老乎其閒

因繼集重序

去年微之取予長慶集中詩未對荅者五十七首追和之合一百一十四首寄來題爲因繼集卷之一（因繼之解具微之前序中）今年復予以近詩五十首寄去微之不踰月依韻盡和合一百首又寄來題爲因繼集卷之二卷末批云更揀好者寄來蓋示餘勇磨礪以須我耳予不敢退舍即日又收拾新作格律共五十首寄去雖不得好且以供命夫文猶戰也一鼓作氣再而衰三而竭微之轉戰迨兹三矣即不知百勝之術多多益辦耶抑又不知鼓衰氣竭自此爲遷延之役耶進退唯命微之微之走與足下和荅之多從古未有足下雖少我六七年然俱已白頭矣竟不能捨章句抛筆硯何癖習如此之甚歟而又未忘少年時心每因唱酬或相侮謔忽忽自哂況他人乎因繼集卷且止於三可也忽恐足下懶發不能成就至三前言戲之者姑爲巾幗之挑耳然此一

戰後師亦老矣宜其櫜弓匣刃彼此與心休息乎和晨與一章
録在別紙語盡於此亦不修書二年十月十五日樂天重序

劉白唱和集解

彭城劉夢得詩豪者也其鋒森然少敢當者予不量力往
往犯之夫合應者聲同交爭者力敵一往一復欲罷不能繇是
每製一篇先相視草視竟則興作興作則文成一二年來日尋筆
硯同和贈荅不覺滋多至大和三年春已前紙墨所存者凡一百
三十八首其餘乘興扶醉率然口号者不在此數因命小姪龜
兒編録勒成兩卷仍寫二本一付龜兒一授夢得小兒崙郎各
令收藏附兩家集予頃以元微之唱和頗多或在人口常戲微
之云僕與足下二十年來爲文友詩敵幸也亦不幸也吟詠情
性播揚名聲其適遺形其樂忘老幸也然江南士女語才子
者多云元白以子之故使僕不得獨步於吳越閒亦不幸也今

垂老復遇夢得得非重不幸耶夢得夢得文之神妙莫先於詩若妙與神則吾豈敢如夢得雪裏高山頭白早海中仙果子生遲沉舟側畔千帆過病樹前頭萬木春之句之類真謂神妙在在處處應當有靈物護之豈唯兩家子姪秘藏而巳己酉歲三月五日樂天解

祭中書韋相公文

維大和三年歲次己酉六月己酉朔三十日戊寅中大夫守太子賓客分司東都上柱國晉陽縣開國男食邑三百戶賜紫金魚袋白居易謹以茶果之奠敬祭于故中書侍郎平章事贈司空韋公德載惟公忠貞大節輔弼嘉謨倚注深恩哀榮盛禮伏見冊贈制中巳詳惟公世祿官業家行士風茂學清詞冲襟弘度伏見碑誌文中巳詳此不重書但申夙願公佩服世教棲心空門外爲君子儒內修菩薩行常接餘論許追

高蹤元和中出守開忠二郡日公先以喻金鑛偈相問往復再
三繇是法要心期始相會合長慶初俱爲中書舍人日尋詣
普濟寺宗律師所同受八戒各持十齋繇是香火因緣漸相
親近及公居相位走在班行公府私家時一相見佛乘之外言
不及他誓趍菩提交相度脫去年臈月勝業宅中公云必結佛
緣無如願力因自開經篋出大方廣佛華嚴經中十願品一通
合掌焚香口讀手授云自持護始傳一人曾未經旬公即捐館
追思覆視似不偶然今即日於道場齋心持念一願一禮如公
在前以至他生不敢廢墜若與公同科第聯官寮奉笑言蒙
推獎窮通榮悴之感離合存歿之悲盡成虛空何足言歎今
玆薦奠不設葷腥庶幾降臨鑒察精意噫浮生是幻眞諦
非空靈鷲山中旣同前會兜率天上豈無後期嗚呼韋君先
後聞耳伏惟尚饗

祭弟文

維大和二年歲次戊申十二月壬子朔三十日辛巳二十二哥居易以清酌庶羞之奠致祭于郎中二十三郎知退之靈日月不居新婦龜兒等疊酷如昨俯及歲暮奄過大祥禮制有終追號永遠哀纏手足悲裂肝心痛深痛深孤苦孤苦嗚呼自尔去來再周星歲前事後事兩不相知今因奠設之時粗表一二吾去年春授秘書監賜紫今年春除刑部侍郎孤苦零丁又加衰疾殆無生意豈有官情所以僶俛至今待終龜兒服制今已請長告或求分司即擬移家盡居洛下亦是夙意今方決行養病撫孤聊以終老合家除蘇蘇外並是通健龜兒頗有文性吾每自教詩書三二年間必堪應舉阿羅日漸成長亦勝小時吾竟無兒窮獨而已茶郎叔母已下並在鄭滑職事依前蘄蘄卿娘盧八等同寄蘇州免至飢凍遙憐在符離莊上

亦未取歸宅相得彭澤塲官各知平善骨兒石竹香鈿等三人
久經驅使昨大祥齋日各放從良尋收膳娘新婦看養下邽
楊琳莊今年買了并造堂院已成往日亦曾商量他時身後
甚要新昌西宅今亦買訖尓前後所著文章吾自撿尋編次
勒成二十卷題爲白郎中集嗚呼詞意書跡無不宛然唯是
塊神不知去處每開一卷刀攪肺腸每讀一篇血滴文字擬憑
崔二十四舍人譔序他日及吾文集同付龜羅收傳前年已來合家
所造齋供功德皆領得否朔望晨夕嚮奠復嘗來無不諭音
容潛歿已久乃至夢寐相見全稀豈幽冥異道殊莫有拘礙將
精爽遷散杳無覺知不然何一去三年而茫昧若此吾今頭白
眼暗筋力日衰黃壤之期亦應不遠但恐前後乖隔不知得見
尓無下邽北村尓塋之東是吾他日歸全之位神縱不合骨且
相依豈戀餘生願畢此志嗚呼奠筵將徹幃帳欲收此生之間

豈有見日未死之際應無忘期仰天一號心骨破碎猶冀万一聞吾此言痛心痛心千万千万尚饗

祭李司徒文

維大和四年歲次戊戌七月癸酉朔十九日辛卯中大夫守太子賓客分司東都上柱國賜紫金魚袋白居易内重表弟朝請大夫守少府監上柱國李顤謹以清酌庶羞之奠敬祭于故相國興元節度贈司徒李公惟公之生樹名致節忠貞諒直天下所仰惟公之殁遭罹禍亂冤憤痛酷天下所知雖千万其言終不能盡故兹負次但冩私誠居易應進士時以鄙劣之文蒙公稱奬在翰林日以拙直之道蒙公扶持公雖徇公愚則受賜或中或外或合或離契闊綢繆三十餘載至於豆觴之會軒蓋之遊多奉光塵寅承歡惠眷遇既深於常等痛憤實倍於衆情永决奈何長慟而已顤情兼中外分辱眷知綿以

歲時積成交舊敢申薄奠庶鑒微衷嗚呼哀哉伏惟尚饗

祭微之文

維大和五年歲次己亥十月乙丑朔十日辛巳中大夫守河南尹上柱國晉陵縣開國男食邑三百戶賜紫金魚袋白居易以清酌庶羞之奠敬祭于故相國鄂岳節度使贈尚書右僕射元相微之惟公家積善慶天鍾粹和生爲國禎出爲人瑞行業志略政術文華四科全才一時獨步雖歷將相未盡謩猷故風聲但樹於藩方功利不周於夷夏噫此蒼生之不大遇也在公豈有所不足耶詩云淑人君子胡不萬年又云如可贖兮人百其身此古人哀惜賢良之懇辭也若情理憤痛過於斯者則號呼壹鬱之不暇又安可勝言哉嗚呼微之貞元季年始定交分行止通塞靡所不同金石膠漆未足爲喻死生契闊者三十載歌詩唱和者九百章播於人間今不復敘至於爵祿患

艱之際寤寐憂思之閒誓心同歸交感非一布在文翰今不重云唯近者公拜左丞自越過洛醉别悲咤投我二詩云君應恠我留連久我欲與君辭别難白頭徒侶漸稀少明日恐君無此歡又曰自識君來三度别這迴白盡老髭鬚戀君不去君須會知得後迴相見無吟罷涕零執手而去私揣其故中心惕然及公捐館於鄂悲訃忽至一慟之後万感交懷覆視前篇詞意若此得非魄兆先知之乎無以繼寄悲情作哀詞二首今載於是以附奠文其一云八月涼風吹白幕寢門廊下哭微之妻孥親友來相弔唯道皇天無所知其二云文章卓犖生無敵風骨精靈殁有神哭送咸陽北原上可能隨例作埃塵嗚呼微之始以詩交終以詩决絃筆兩絶其今日乎嗚呼微之三界之閒孰不生死四海之内誰無交朋然以我尒之身爲終天之别既往者已矣未死者如何嗚呼微之六十衰翁灰心血淚引酒再奠撫

棺一呼佛經云凡有業結無非因集與公緣會豈是偶然多生已來幾離幾合既有今別寧無後期公雖不歸我應繼往安有形去而影在皮亡而毛存者乎嗚呼微之言盡於此尚饗

唐故湖州長城縣令贈戶部侍郎博陵崔府君

神道碑銘 幷序

公諱孚字某古太嶽胄也今博陵人也唐虞之際因生爲姜姓暨周封齊分類曰崔氏長源遠派大族清門珪組賢俊繩濟美斯崔氏所以綿千祀而甲百族也隋散騎常侍諱洽公六代祖也唐冀州武強令諱紹曾祖也監察御史諱頲王父也常州江陰令育皇考也公幼以門蔭子補太廟齋郎初調授汝州葉縣尉再調改宋州單父尉時天寶末盜起燕薊毒流梁宋屠城殺吏如火燎原單父之民將墜塗炭公感激奮發仗順興兵挫敗賊徒保全鄉縣拳勇之旅歸之如雲方欲糺合貔虎毆誅

蚍豕京觀群盜金湯一方本道節度使奇之將議上聞會有同事者爭功陰相傾奪公超然脫屣遂以族行東游江淮安時俟命屬吳王出閤領鎮求才撫人常聞公名試以吏事遂表請爲宋城尉事舉移假漣水令賞緋魚袋縣政修轉常州録事叅軍糺察課成淛東採訪使聞之奏授越州餘姚令吏畏人悦歲未滿淛西採訪使知之奏改湖州長城令長城之理又加於前二邑焉政成秩滿解印罷去優游自得獨善其身興元元年疾歿於宋大和五年遷葬於洛享年若干詔贈尚書戸部侍郎夫人隴西李氏追封岐國夫人皆從子貴也公爲人儀表魁梧氣槩倜儻負不羈之才慕非常之功始發軔於單父志立而功不就終稅駕於長城道行而位不達善慶所積實生司空司空諱弘禮公之㓜子也以學發身以文飾吏以幹蠱克家以忠壯許國典十郡領二鎮再蒞東土追命上公雖

天與之才國與之位亦由公義方之訓輔而成焉大丈夫貯蓄材術樹置功利鎡基富貴焯燿家邦不當其身而得於後父祈子荷相去幾何嗚呼崔公何不足之有按國典官五品巳上墓廟得立碑又按喪葬令凡諸贈官得同正官之制其孫彦防彦佐等奉父命述祖德揭石于墓勒銘于碑銘曰

天無全功　賢無全福　既享天爵　難兼世祿　矯矯崔公
道積厥躬　大志長略　卷于懷中　黃綬遏冤　思奮奇功
銅印字人　躬行古風　才高位下　步闊途窮　竟戢羽翮
不展心胷　天道有知　善積慶鍾　昭哉報施　其在司空

大唐泗州開元寺臨壇律德徐泗濠三州僧正明遠

大師塔碑銘 并序

娑婆世界中有釋迦如來出爲上首如來滅後像法中或羅漢僧或菩薩僧在在處處出爲上首佛道未喪間生其人故泗州

開元寺臨壇律德大師實一方上首也大師譙郡酇人世姓綦氏僧號明遠七歲依本郡霈禪師出家十九從泗州靈穆律師受具戒五夏通四分律俱舍論乃升講座乃登戒壇元和元年衆請充當寺上座明年官補爲本州僧正統十二部開元寺北地二百步作講堂七間僧院六所淮泗間地卑多雨潦歲有水害師與郡守蘇遇等謀於沙湖西隙地創避水僧坊建門廊廳堂廚廄二百間植松杉楠檉檜一万本由是僧與民無墊溺患旋屬災焚本寺寺殲像滅僧潰者數年師與徐州節度使王侍中有縁（侍中名智興）遂合願叶力再造寺宇乃請師爲三郡僧正奏乞連置戒壇因其施利廓其規度侍中又以家財万計助而成之自殿閣堂亭廊庖廩藏洎僧徒臧獲傭保馬牛之舍凡二千若干百十間其中像設之儀備用之具一無闕者長慶五年春作大和元年秋成輪奐莊嚴星環棊布如自地踊若從

天降供施無虛日鍾梵有常聲四衆知歸万人改觀於是增
上慢者起敬種善根者發心利喜饒益叵能具舉若非大師於
福智僧中而得第一若非侍中於敬信人中亦爲第一則安能
大作佛事而中興像教者乎故如來所謂我滅後我法傳授
於弟子囑於大臣斯言信矣師以大和八年十二月十九日齋時
終於本寺本院是月二十九日道俗衆萬輩恭敬悲泣備涅槃
威儀遷全身歸于湖西塼塔遵本教而奉先志也報年七十
僧臈五十有一始出家訖于遷化志業行願道力化緣引而伸
之隨日廣大前後臨戒壇者八登律座者十有五僧尼得度者
三萬衆江淮行化者四十年或疑是人如來所使羅漢菩薩吾
焉知之初大師以功德爲心既成而化侍中以譔錄見託未就
而薨今按弟子僧僧亮元素行狀序而銘之嗚呼所以滿大
師之願終侍中之志也銘曰

平地踊塔　多寶示現　險路化城　導師方便　繄我大師
亦有大願　像法是弘　塔廟是建　佛人交接　兩得相見
法有毗尼　衆有僧尼　承教於佛　得度於師　宣傳戒藏
振起律儀　四十餘載　勤而行之　福德如空　不可思議
緣合而來　功成而去　如性不動　色身無住　示有遷化
非實滅度　表塔勒銘　門人戀慕

東都十律大德長聖善寺鉢塔院主智如和尚茶毗幢記

浮圖教有茶毗威儀事具涅槃經陁羅尼門有佛頂呪功德事具尊勝經經文甚詳此記不載今但載大師僧行佛事興建幢義趣而已大師姓吉号智如絳郡正平人自孩及童不飲酒不茹葷不食肉不見戲年十二授經於僧皎二十二受具戒於僧晤學四分律於曇濬律師通楞伽思益心要於法凝

大師貞元中寺舉省選累補昭成敬愛等五寺開法臨壇大
德繇是行業高名業重僧尼輩請以聖善寺勑置法寶嚴
持院處之居十年而法供無虛日律講無虛月使疑者信惰者
勤增上慢者退僧風驟變佛事勃興實我師傳授誘誨之
力也大和八年十二月二十三日終於本院報年八十六僧夏六
十五明年正月十五日合都城道俗万數具涅槃儀移窆於龍
門祖師塔院又明年某月某日用闍維法遷祔於奉先寺祖
師塔西而建幢焉噫大師自出家至即世前後講毗尼三十
會度苾蒭百千人秉律登壇施法行化者五十五載而身相
長大面相端嚴心不放逸口無戲論四部瞻仰敬而畏之矧又
以直心坐道場以密行傳法藏爲東王城十大德首爲南瞻
部八關戒師名冠万僧利及百衆所謂提智慧劒破煩惱賊
撾無畏鼓降内外魔禀乎佛庭之直臣變乎僧壇之大將者

也初師之將遷化也無病無惱晏坐齋心領一童詣諸寺遇像致敬逢僧與遊口雖不言心若默別後數日而化識者異之及臨盡滅也告弟子言我歿後當依本院先師遺法勿塔勿墳唯造佛頂尊勝陁羅尼一幢寘吾荼毗之所吾形之化吾願常在願依幢之塵之影利益一切衆生吾願足矣今院主上首弟子振公洎傳法受遺侍者弟子某等若干人合力建幢以畢師志振輩以居易辱爲是院門徒者有年矣又十年以還蒙師授八關齋戒見託爲記附于眞言蓋欲以奉本教而滿先願尋往因而集來果也欲重宣此義以一偈贊之偈云

幢功德甚大　師行願甚深　孰見如是幢　不發菩提心

白氏文集卷第六十九

白氏文集卷第七十

銘誌賛序祭文記辭傳　凡十八首
酒功賛　并序
唐故武昌軍節度使元公墓誌銘　并序
唐故虢州刺史崔公墓誌銘
唐故溧水縣令白府君墓誌銘　并序
序洛詩
畫弥勒上生幀賛　并序
繡西方幀賛　并序
祭崔相公文
祭崔常侍文
磐石銘
東林寺白氏文集記
聖善寺白氏文集記
唐故太子少保皇甫公墓誌銘
唐故秘書監贈禮部尚書張公墓誌銘
齒落辭
醉吟先生傳

蘇州南禪院千佛堂轉輪經藏石記

蘇州南禪院白氏文集記

酒功贊 并序

晉建威將軍劉伯倫嗜酒有酒德頌傳於世唐太子賔客白樂天亦嗜酒作酒功贊以繼之其詞云

麥麴之英米泉之精作合爲酒孕和產靈孕和者何濁醪一樽霜天雪夜變寒爲温產靈者何清醑一酌離人遷客轉憂爲樂納諸喉舌之内淳淳泄泄上音諄下音裔醍醐沆瀣沃諸心胷之中熙熙融融膏澤和風百慮齊息時乃之德萬緣皆空時乃之功吾常終日不食終夜不寢以思無益不如且飲

唐故武昌軍節度處置等使正議大夫撿校戶部尚書鄂州刺史兼御史大夫賜紫金魚袋贈尚書右僕射河南元公墓誌銘 并序

公諱稹字微之河南人六代祖巖隋兵部尚書封昌平公五代祖
弘隋北平太守高祖義端魏州刺史曾祖延景岐州參軍祖
諱悱南頓縣丞贈兵部員外郎考諱寬比部郎中舒王府長
史贈尚書右僕射妣滎陽鄭氏追封陳留郡太夫人公即
僕射府君第四子後魏昭成皇帝十五代孫也公受天地粹
靈生而岐然孩而嶷然九歲能屬文十五明經及第二十四調
判入四等署秘省校書二十八應制策入三等拜左拾遺即日
獻教本書數月間上封事六七憲宗召對言及時政執政者
疑忌出公爲河南尉丁陳留太夫人憂哀毀過禮杖不能起服
除之明日授監察御史使于蜀按任敬仲獄得情又劾奏東川
帥違詔條過籍稅又奏平塗山甫等八十八家冤事名動三
川三川人慕之其後多以公姓字名其子朝庭病東諸侯不
奉法東御史府不治事命公分臺而董之時有河南尉離局

從軍職尹不能止監察使死其柩乘傳入郵郵吏不敢詰内園司械繫人踰年臺府不得知飛龍使匿趙氏亡命奴爲養子主不敢言浙右帥封杖杖安吉令至死子不敢愬凡此者數十事或奏或劾或移歲餘皆與正之内外權寵臣無奈何咸不快意會河南尹有不如法事公引故事奏而攝之甚急先是不快者乘其便相譟嗾坐公專達作威黜爲江陵士曹掾居四年徙通州司馬又四年移虢州長史長慶初穆宗嗣位舊聞公名以膳部員外郎徵用既至轉祠部郎中賜緋魚袋知制誥制誥王言也近代相沿多失於巧俗自公下筆俗一變至於雅三變至於典謨時謂得人上嘉之數召與語知其有輔弼才擢授中書舍人賜紫金魚袋翰林學士承旨尋拜工部侍郎旋守本官同中書門下平章事公既得位方將行己志答君知無何有憸人以飛語（犯御嫌名）同位詔下按驗無狀上知其誣全大體

與同位兩罷之出爲同州刺史始至急吏緩民省事節用歲収羨財千万以補亡戶逋租其餘因弊制事瞻上利下者甚多二年改御史大夫浙東觀察使將去同同之耆幼鰥獨泣戀如別慈父母遮道不可過送詔使導呵揮鞭有見血者路闢而後得行先是明州歲進海物其淡蚶非禮之味尤速壞課其程日馳數百里公至越未下車趍奏罷自越抵京師郵夫獲息肩者万計道路歌舞之明年辯沃瘠察貧富均勞逸以定稅籍越人便之無流庸無逋賦又明年命吏課七郡人冬築陂塘春貯水雨夏溉旱苗農人賴之無饑殍在越八載政成課高上知之就加禮部尚書降璽書慰諭以示旌寵又以尚書左丞徵還旋改戶部尚書鄂岳節度使在鄂三載其政如越大和五年七月二十二日遇暴疾一日薨于位春秋五十三上聞之軫悼不視朝贈尚書左僕射加賻贈焉前夫人京兆韋氏懿淑有閒無祿早世

生一女曰保子適校書郎韋絢令夫人河東裴氏賢明知禮有輔佐君子之勞封河東郡君生三女曰小迎未笄道衛道扶齠齔一子曰道護三歲仲兄司農少卿積姪御史臺主簿某等銜哀襄事裴夫人韋氏長女泉諸孫等號護靈翣以六年七月十二日祔葬於咸陽縣奉賢鄉洪瀆原從先宅兆也公著文一百卷題爲元氏長慶集又集古今刑政之書三百卷号類集並行於代公凡爲文無不臻極尤工詩在翰林時穆宗前後索詩數百篇命左右諷詠宮中呼爲元才子自六宮兩都八方至南蠻東夷國皆寫傳之每一章一句出無脛而走疾於珠玉又觀其述作編纂之旨豈止於文章刀筆哉實有心在於安人活國致君堯舜致身伊皐耳抑天不與耶將人不幸耶予嘗悲公始以直躬律人勤而行之則坎壈而不偶謫瘴鄉凡十年髮班白而歸來次以權道濟世變而通之又齟

齬而不安居相位僅三月席不煖而罷去通介進退卒不獲心是以法理之用止於舉一職不布於庶官仁義之澤止於惠一方不周於四海故公之心不足也逢時與不逢時同得位與不得位同貴富與浮雲同何者時行而道未行身遇而心不遇也執友居易獨知其心以泣濡翰書銘于墓曰

嗚呼微之年過知命不謂之夭位兼將相不謂之少然未康吾民未盡吾道在公之心則爲不了嗟乎哉道廣而俗隘時矣夫心長而運短命矣夫嗚呼微之已矣夫

唐故虢州刺史贈禮部尚書崔公墓誌銘 并序

唐有通四科達三教者曰惟崔公公諱玄亮字晦叔其先出於炎帝至裔孫穆伯受封于崔因而命氏漢初始分爲清河博陵二祖故其後稱博陵人曾祖悅洺州司戶參軍贈太子少保祖光迪贈贊善大夫考抗楊州司馬兼通事舍人贈太子少

師姒太原王氏贈晉陽郡太夫人公即少師季子解褐補秘
書省校書郎宣越二府奏授協律郎大理評事朝廷知其才
徵授監察轉殿中歷侍御史膳部駕部員外郎洛陽令宻
州刺史公既至宻宻民之凍餒者賑䘏之疾瘦者救療之胔
骼未殯者命葬藏之男女過時者趣嫁娶之三月而政立二
年而化行宻人悦之發於謠詠換歙州刺史其政如宻先是歙
民畜馬牛而生駒犢者官書其數吏緣爲姧公既下車盡焚
其籍孳息貨易一無所問先是歙民居山險而輸稅米者擔
負跋涉勤苦不支公許其計斛納緡賤入貴出官且獲利人
皆忘勞農人便之歸如流水朝廷聞其政徵拜刑部郎中謝
病不就俄改湖州刺史政如宻歙加之以聚羨汰財而代逋租則
人不困謹茶法以防黠吏則人不苦修堤塘以備旱歲則人不饑
罷悍賴之如依父母入爲秘書少監改曹州刺史兼御史中丞謝

病不就拜太常少卿遷諫議大夫屢上封章言行職舉上召
對加金紫以奬之假貂蟬以寵之未幾朝有大獄人心惴駭勢
連中外衆以爲寃百辟在庭無敢言者公獨進及霤危言觸
鱗天威赫然連叱不去遂置笏伏陛極言是非血淚盈襟詞亮
不屈上意稍悟容而聽之卒使罪疑唯輕實公之力既而真拜因
旌忠臣懸是正氣直聲震燿朝右搢紳者賀皆曰國有人焉國
有人焉公以爲名不可多取退不必待年夬就長告徑遵歸路
朝庭不得已在途拜太子賓客分司東都公濟源有田洛下
有宅勸誨子弟招邀賓朋以山水琴酒自娛有終焉之志無何
又除虢州刺史蓋執政者惜其去將欲馴致而復用之大和七
年七月十一日遇疾薨于虢州廨舍天子廢朝一日贈禮部
尚書周行士林聞者相弔宗族交友靡不出涕遺直遺愛公
兼有焉烏虖公之將終也遺誡諸子其書大略云吾年六十六

不爲無壽官至三品不爲不達死生定分何足過哀自天寶
已還山東士人皆改葬兩京利於便近唯吾一族至今不遷我殁
宜歸全于滏陽先塋正首丘之義也送終之事務從儉薄保家
之道無忘孝悌吾玉磬琴留別樂天請爲墓誌云尒
夫人范陽盧氏先公而殁有子九人長曰煴通事舍人次曰芻
言卒言舉進士次曰緩中牟尉其下皆幼稚煴等哀毀孝敬
號護轜翣以九年四月二十八日用大葬之禮歸窆于磁州昭
義縣磁邑鄉北原遷盧夫人而合祔焉遵理命也公之丁少
師憂也退居高郵其地卑濕泣血卧苫者三載因病痺其
兩股焉逮于終身竟不能趍拜從祖弟仁亮寘竄謫巴南殁
而後歸公先命長男煴護喪歸葬後命幼子聽繼絶承祧自
宗族及朋執間有死無所歸孤無所依者公或祭之葬之或衣之
食之或婚之嫁之俟齊二家之類是也故閨門稱其孝群從仰

其仁交遊服其義可不謂德行乎公幼嗜學長善屬文以辭賦舉進士登甲科以書判調天官入上等前後文集凡若干卷尤工五言七言詩讚策之篇多在人口其餘製述作者許之可不謂文學乎公之典客歙湖也理化如彼可不謂政事乎居大諫騎省也忠讜如此可不謂言語乎公夙慕黃老之術齋心受籙伏氣鍊形暑不流汗冬不挾纊膚體顏色冰清玉温未識者望之如神仙中人也在湖三歲歲修三元道齋輒有彩雲靈鶴迴翔壇上久之而去前後致齋七八而鶴來儀者凡三百六十其內修外感也如此可不謂通於大道乎公之晚年又師六祖以無相為心地以不二為法門每遇僧徒輒論真諦雖耆年宿德皆心伏之及易簀之夕大怖將至如入三昧恬然自安仍於遺跡之末手筆題云蹔榮蹔悴敲石火即空即色眼生花許時為客今歸去大曆元年是我家解空得證也又如此可不謂達

於佛性乎惣而言之故曰通四科達三教者也居易不佞辱與公游者三十餘年年老分深定爲執友况奉遺札託爲斯文且慙鄙陋不敢辞讓銘曰

滏水之陽鼓山之下吉日吉土載封載樹烏虖博陵崔君之墓

唐故溧水縣令太原白府君墓誌銘 并序

公諱季康字某太原人秦武安君起之裔曽北齊五兵尚書建之五代孫也曽祖諱士通皇朝利州都督祖諱志善尚輦奉御父諱鏻楊州録事參軍公即録事府君次子歷華州下邽尉懷州河内丞徐州彭城令江州尋陽令宿州虹縣令宣州溧水令歿于官舎明年某月某日歸葬于華州下邽縣某鄉某原享年若干烏虖公爲人温恭信厚爲官貞白嚴重友于兄弟慈于子姪鄉黨推其行交遊讓其才自尉下邽至宰溧水皆以絜廉通濟見知於郡守流譽於朋寮才不偶時道屈於位而徒勞於

州縣貴不致於青雲命矣夫哀哉公前夫人河東薛氏先公若干
年而殁生二子一女女号鑒虚未笄出家長子某杭州於潛尉
次子某睦州遂安尉後夫人高陽敬氏父諱某某官生一子二女
女皆早夭子曰敏中進士出身前試大理評事歷河東鄭滑
邠寧三府掌記夫人在室以孝敬奉親爲淑女既嫁以柔和從
夫爲順婦及主家以慈正訓子爲賢母故敏中遵其教飭其身
升名甲科歷聘公府以文行稱於衆以禄養榮於親雖自有兼
材然亦由夫人誨導之所致也夫人以大和七年正月某日寢疾終
于下邽別墅享年若干明年某月某日啓漂水府君薛夫人
宅兆而合祔焉禮也時諸子盡殁獨敏中號泣襄事託從祖
兄居易誌于墓石銘曰
繄我叔父漂水府君治本於家事施政於縣民繄我叔母高陽
夫人德修於室家慶積於閨門訓著趨庭善彰卜鄰故其

嗣子休有令聞

序洛詩

序洛詩樂天自敘在洛之樂也予歷覽古今諷詩自風騷之後蘇李以還（李陵蘇武始爲五言詩）次及鮑謝徒迄于李杜輩其間詞人聞知者累百詩章流傳者鉅萬觀其所自多因讒冤譴逐征戍行旅凍餒病老存殁別離情發於中文形於外故憤憂怨傷之作通計今古什八九焉世所謂文士多數奇詩人尤命薄於斯見矣又有已知理安之世少離亂之時多亦明矣予不佞喜文嗜詩自幼及老著詩數千首以其多矣故章句在人口姓字落詩流雖才不逮古人然所作不啻數千首以其多矣作一數奇命薄之士亦有餘矣今壽過耳順幸無病苦官至三品免罹飢寒此一樂也大和二年詔授刑部侍郎明年病免歸洛旋授太子賓客分司東都居二年就領河南尹事又

三年病免歸履道里第冊授賓客分司自三年春至八年夏
在洛凡五周歲作詩四百三十二首除喪朋哭子十數篇外其他
皆寄懷於酒或取意於琴閑適有餘酣樂不暇苦詞無一字憂
歎無一聲豈牽强所能致耶蓋亦發中而形外耳斯樂也實
本之於省分知足濟之以家給身閑文之以觴詠絃歌飾之以
山水風月此而不適何往而適哉茲又以重吾樂也予嘗云治世
之音安以樂閑居之詩泰以適苟非理世安得閑居故集洛詩
別為序引不獨記東都履道里有閑居泰適之叟亦欲知皇
唐大和歲有理世安樂之音集而序之以俟夫採詩者甲寅
歲七月十日云爾

畫弥勒上生幀讚 并序

南贍部洲大唐國東都城長壽寺大苾蒭道嵩存一惠恭等
六十人與優婆塞士良惟儉等八十人以大和八年夏受八戒

修十善設法供捨淨財畫兜率陁天宫弥勒上生内衆一鋪眷屬圍繞相好莊嚴於是嵩等曲躬合掌焚香作禮發大誓願願生内宫劫劫生生親近供養按本經云可以除九十九億劫生死之罪也有弥勒弟子樂天同是願遇是緣尒時稽首當來下生慈氏世尊足下致敬無量而説讚曰

百四十心合爲一誠百四十口發同一聲仰慈氏名願我來世一時上生

繡西方幀讚 并序

西方阿弥陁佛與閻浮提有願此土衆生與彼佛有緣故受一切苦者先念我名祈一切福者多圖我像至於應誠来感隨願往生神速變通與三世十方諸佛不侔噫佛無若于而願與緣有若干也有女弟子弘農郡君姓楊号蓮花性發弘願捨淨財繡西方阿弥陁佛像及本國土眷屬一部奉爲故李氏長

姊楊夫人滅宿殃追冥祐也夫範銅設繪不若刺繡文之精勤也想形念号不若覩相好之親近也即造之者誠不得不著感不得不通受之者罪不得不滅福不得不集尒時蓮花性焚香合掌跪唱贊云

金方剎　金色身　資聖力　福幽魂　造者誰　弘農君

受者誰　楊夫人

祭崔相公文

維大和六年歲次壬子十月庚申朔二十四日癸未中大夫守河南尹上柱國晉陽縣開國男食邑三百戶賜紫金魚袋白居易謹以清酌庶羞之奠敬祭于故相國吏部尚書贈司空崔公敦詩惟公德望事業識度操履為時而生作國之紀巖廊匡輔藩部政治父母黎元股肱天子斯皆談在人口播於人耳今所叙者眷知而已於戲自古及今實重知音故詩美伐木易稱

斷金始愚與公同入翰林因官識面因事知心獻納合章對揚聯襟以忠相勉以義相箴朝梜同食夜床並衾綢繆五年情與時深及公登庸累分閫鎮愚亦去國出領符印徐宣遠部忠杭遐郡鴈去寄書潮來傳信無由會合祇望音問未卜後期偎聚前分余大和之初連徵歸朝公長夏司愚貳秋曹玉德弥溫松心不凋南宮多暇屢接遊遨竹寺雪夜杏園花朝杜曲春晚潘亭月高前對青山後攜濁醪微之夢得慕巢師皋或徵雅言酣詠陶陶或命俗樂絲管嘈嘈藉草蔭松枕麴舖糟曾未周歲索然分鑣公又授鉞南撫荆蠻報政入覲復懋天官愚因謝病東歸瀾瀍方從四皓旋守三川時蒙問訊日奉周旋豈無要約良有由緣洛城東隅履道西偏脩篁迴合流水潺湲與公居第門巷相連與公齒髮甲子同年兩心相期㣲三逕之間優游攜手而終老焉嗚呼易失者時難忱者天既奪我志又殲

我賢丘園未歸館舍先捐百身莫贖一夢不還鬱鬱佳城茫茫九原淒涼簫鼓慘澹風烟祖奠遲遲泣涕漣漣平生親友羅拜柩前賢人已矣天地蒼然嗚呼哀哉敦詩尚饗

祭崔常侍文

維大和九年歲次乙卯二月丙午朔七日壬子中大夫守太子賓客分司東都上柱國賜紫金魚袋白居易謹以清酌庶羞之奠敬祭于故秘書監贈禮部尚書崔公惟公之世祿家行文華政事播於時論此不復云今但敘舊好寫衷誠而已嗚呼居易弟兄與公伯仲前後科第同登者四五辱爲僚友三十餘年又膳部房與公同聲塵之遊定膠漆之分兩家不幸十年已來哀釁所鍾零落殆盡我老君病唯餘二人天不憖遺公又即世不登大位不享永年夙志莫伸幽憤何極居易方屬疾恙不遂執紼遣姪阿龜往展情禮此如不祭永痛奈何

嗚呼重易平生知我寢門一慟可得而聞乎嗚呼重易平生
嗜酒奠筵一酌可得而歆乎嗚呼哀哉伏惟尚饗

磐石銘 并序

大和九年夏有山客贈余磐石轉寘於履道里第時屬炎
暑坐卧其上愛而銘之云尔
客從山來遺我磐石圓平膩滑廣袤六尺質凝雲白文拆煙
碧莓苔有班麋鹿其跡置之竹下風掃露滴坐待禪僧眠留
醉客清泠可愛支體甚適便是白家夏天牀席

東林寺白氏文集記

昔余爲江州司馬時常與廬山長老於東林寺經藏中披
閱遠大師與諸文士唱和集卷時諸長老請余文集亦置經
藏唯然心許他日致之迨茲餘二十年矣今余前後所著文大
小合二千九百六十四首勒成六十卷編次既畢納于藏中且欲與

二林結他生之緣復曩歲之志也故自忌其鄙拙焉仍請本寺長老及主藏僧依遠公文集例不借外客不出寺門幸甚大和九年夏太子賓客晉陽縣開國男太原白居易樂天記

聖善寺白氏文集記

中大夫守太子少傅馮翊縣開國侯上柱國賜紫金魚袋太原白居易字樂天與東都聖善寺鉢塔院故長老如滿大師有齋戒之因與今長老振大士爲香火之社樂天曰吾老矣將尋前好且結後緣故以斯文寘于是院其集七袠六十五卷凡三千二百五十五首（元相公先作集序并目錄一卷在外）題爲白氏文集納於律疏庫樓仍請不出院門不借官客有好事者任就觀之開成元年閏五月十二日樂天記

看題文集石記因成四韻以美之

中散大夫守河南尹賜紫金魚袋李　紳

寄玉蓮花藏紱珠貝葉扃院閑客讀講偈許僧聽部列
雕金牓題存刻石銘永添鴻寶集莫雜小乘經

唐銀青光祿大夫太子少保安定皇甫公墓誌銘 并序

公姓皇甫諱鏞字龢卿始封祖微子也周克殷封于宋九代至
戴公戴公之子曰皇父因字命族爲皇父氏至秦徙茂陵改父爲
甫及漢遷安定朝那其後爲朝那人五代祖珍義資建二州刺
史曾祖文房高陵令祖鄰幾贈汝州刺史考愉累贈尚書左僕
射太子太保妣洛陽賈氏贈姑臧郡太夫人公由進士出身補夏陽
主簿試左武衛兵曹充宣歙觀察推官轉大理評事詔徵授
監察御史改秘書郎殿中侍御史內供奉始賜朱紱銀印充鳳
翔節度判官營田副使旋又徵還眞拜殿內改比部員外郎河
南令都官郎中河南少尹歷太子左右庶子並分司東都俄又
徵拜國子祭酒未幾謝疾改太子賓客轉秘書監分司又就

拜檢校左散騎常侍兼太子賓客轉秘書監分司始加命服正三品又遷太子少保分司封安定縣開國男食邑三百户始立家廟享三世公先娶博陵崔氏後娶范陽盧氏二夫人皆有淑德先公而歿有二子曰璐曰珧一女適太原王譓以開成元年七月十日寢疾薨于東都宣教里第享年七十七皇帝廢朝一日是歲十月三日用大葬之禮歸全于河陰縣廣武原從太保府君先塋以盧夫人合祔焉公自將仕郎累階至銀青光禄大夫自武騎尉累勳至上柱國自布衣而佩服金紫自旅食而廟饗祖考封爵被乎身褒贈及乎先官品蔭乎後大其門肥其家儒者之榮無闕焉皆求己稽古之力自致耳公為人器宇甚弘衣冠甚偉寡言正色人望而敬之至於燕游觴詠之間則其貌溫然如春其心油然如雲也初元和中公始因郎官分司東洛由是得伊嵩趣愜吏隱心故前後歷官八九凡二十有五年

優游洛中無哂笑意忘喪窮達與道始終澹然不動其心以至于考終命聞者慕之謂為達人當憲宗朝公之仲居相位操利權也從而附離者有之公獨超然雖貴介之勢不能及及仲之失寵得罪也從而緣坐者有之公獨皦然雖骨肉之親不能累識者心伏号為偉人公好學善屬文尤工五言七言詩有集十八卷又著性言十四篇居易辱與公遊迨二紀矣自左右庶子歷賓客訖于少保傅皆同官東朝分務東周在寮友間聞知寅熟故得以實録誌而銘曰

賢哉少保令問令儀金璧其操鸞鳳其姿德如斯壽如斯位如斯嗚呼人爵天爵實兼有之廣武之原大河之湄龜告筮從吉土良時封于兹樹于兹嗚呼少保之墓百代可知

唐故銀青光禄大夫秘書監曲江縣開國伯贈禮部尚書范陽張公墓誌銘 并序

公諱仲方字靖之其先范陽人晉司空茂先之後永嘉南遷始
徙居于韶之曲江縣後嗣因家焉唐朝贈太常卿諱弘愈公
之曾祖也嶺南節度使廣州刺史殿中監諱九皐公之王父也
贈尚書右僕射諱抗公之皇考也贈潁川郡太夫人陳氏公之
皇妣也郡昌令仲端以下四人公之兄也監察御史仲孚以下二
人公之弟也博陵郡夫人崔氏公之夫人也右清道率府曹
景宣進士茂玄明經智周公之子也監察御史裏行楊瀚校
書郎陸賓虞公之壻也公即僕射府君第五子貞元中進士
舉及第博學選登科初補集賢殿校書郎丁內憂喪除復
補正字選授咸陽尉鄜坊節度使辟爲判官奏授監察御史
裏行俄而眞拜歷殿中轉侍御史倉部員外郎金州刺史
度支郎中駮宰相事議出爲遂州司馬移復州司馬俄遷刺
史改曹州刺史河南少尹鄭州刺史入爲諫議大夫福建觀

察使兼御史中丞徵還爲太子賓客再爲左散騎常侍京兆尹華州刺史兼御史大夫秘書監勳至上柱國階至銀青光禄大夫封至曲江縣開國伯食邑七百户開成二年四月某日薨于上都新昌里第詔贈禮部尚書以某年八月某日歸葬于河南府某縣某鄉某原祔僕射府君之封域焉公幼好學長善屬文俯取科第如拾地芥著文集三十卷藏於家纂制詔一百卷行於代尤工五言章句詩家流稱之嘗譔先僕射府君神道碑及丞相文獻始興公廟碑由文得禮秉筆者許之文獻始興公九齡即公之伯祖開元中以儒學詩賦獨步一時及輔弼明皇帝号爲賢相餘慶濟美宜在於公公沿其業襲其文而不嗣其位惜哉矧公爲人温良冲淡恬然有君子德立朝直清貞諒肅然有正人風在官寬重易簡綽然有長吏體爲子弟孝敬爲伯父慈和與朋友信寵辱不驚其

心喜愠不形於色入仕四十載歷官二十五享年七十二才如是祿
如是壽如是宜哉居易與公少同官老同游結交慕德久而弥
篤故景宣等以論譔先德見託爲文式序且銘勒于墓石銘曰
在唐張氏世爲儒宗文獻既没鬱生我公我公渢渢學奥詞
雄緣情體物有文獻風慶襲于家道積厥躬駿足逸翮天
驥冥鴻始自筮仕迄于達官六剌藩部再珥貂蟬大諫選重
尹京才難實于望苑寵在蓬山凡所踐歷皆有可觀終然允
臧已矣歸全嗚呼洛郊北阡邙阜西原佳城一閉陵谷推遷
所不泯者令名藹然

齒落辭 并序

開成二年予春秋六十六瘠黑衰白老狀具矣而雙齒又墮
慨然感歎者久之因為齒落辭以自廣其辞曰
嗟嗟乎雙齒自吾有之尓俾尓嚼肉咀蔬銜盃漱水豈吾

膚革滋吾血髓從幼逮老勤亦至矣幸有輔車非無斷齶胡然捨我一旦雙落齒雖無情吾豈無情老與齒別齒隨涕零我老日來尔去不迴嗟嗟乎雙齒孰謂而來哉孰謂而去哉齒不能言請以意宣為君口中之物忽乎六十餘年昔君之壯也血剛齒堅今君之老矣血衰齒寒輔車斷齶日削月朘上參差而下旣齾曾何足以少安嘻君其聽哉女長辞姥臣老辞主髮衰辞頭葉枯辞樹物無細大功成者去君何嗟嗟獨不聞諸道經我身非我有也盖天地之委形君何嗟嗟又不聞諸佛說是身如浮雲須臾變滅由是而言君何有焉所宜委百骸而順万化胡爲乎嗟嗟於一牙一齒之間吾應曰吾過矣尔之言然

醉吟先生傳

醉吟先生者忘其姓字鄉里官爵忽忽不知吾爲誰也宦遊

三十載將老退居洛下所居有池五六畝竹數千竿喬木數十株臺榭舟橋具體而微先生安焉家雖貧不至寒餒年雖老未及耄性嗜酒耽琴淫詩凡酒徒琴侶詩客多與之游游之外棲心釋氏通學小中大乘法與嵩山僧如滿爲空門友平泉客韋楚爲山水友彭城劉夢得爲詩友安定皇甫朗之爲酒友每一相見欣然忘歸洛城內外六七十里間凡觀寺丘墅有泉石花竹者靡不游人家有美酒鳴琴者靡不過有圖書歌舞者靡不觀自居守洛川泉布衣家以宴游召者亦時時往每良辰美景或雪朝月夕好事者相過必爲之先拂酒罍次開篋詩酒既酣乃自援琴操宮聲弄秋思一遍若興發命家僮調法部絲竹合奏霓裳羽衣一曲若歡甚又命小妓歌楊柳枝新詞十數章放情自娛酩酊而後已往往乘興屨及鄰杖於鄉騎遊都邑肩舁適野舁中置一琴一枕陶謝詩數

卷舁竿左右懸雙酒壺尋水望山率情便去抱琴引酌興盡而返如此者凡十年其間日賦詩約千餘首日釀酒約數百斛而十年前後賦釀者不與焉妻孥弟姪慮其過也或譏之不應至于再三乃曰凡人之性鮮得中必有所偏好吾非中者也設不幸吾好利而貨殖焉以至于多藏潤屋賈禍危身奈吾何設不幸吾好博弈一擲數萬傾財破產以至于妻子凍餓奈吾何設不幸吾好藥損衣削食鍊鉛燒汞以至于無所成有所誤奈吾何今吾幸不好彼而自適於杯觴諷詠之間放則放矣庸何傷乎不猶愈於好彼三者乎此劉伯倫所以聞婦言而不聽王無功所以遊醉鄉而不還也遂率子弟入酒房環釀甕箕踞仰面長吁太息曰吾生天地間才與行不逮於古人遠矣而富於黔婁壽於顏回飽於伯夷樂於榮啓期健於衛叔寶幸甚幸甚餘何求哉若捨吾所好何以送老因自吟詠懷詩云抱

琴榮啓樂縱酒劉伶達放眼看青山任頭生白髮不知天地内更得幾年活從此到終身盡爲閑日月吟罷自哂揭甕撥醅又引數盃兀然而醉既而醉復醒醒復吟吟復飲飲復醉醉吟相仍若循環然繇是得以夢身世雲富貴幕席天地瞬息百年陶陶然昏昏然不知老之將至古所謂得全於酒者故自号爲醉吟先生于時開成三年先生之齒六十有七鬚盡白髮半禿齒雙缺而觴詠之興猶未衰顧謂妻子云今之前吾適矣今之後吾不自知其興何如

蘇州南禪院千佛堂轉輪經藏石記

千佛堂轉輪經藏者先是郡太守居易發心蜀沙門清閑矢謨吴僧常嵩弘正神益等僝功商主鄧子成梁華等施財院僧法弘惠滿契元惠雅等蕆事大和二年秋作開成元年春成堂之費貫計緡萬藏與經之費貫計緡晉三千六百堂之中上蓋

下藏蓋之間輪九層佛千龕彩繪金碧以爲飾環蓋懸鐸六十有二藏八面面二門丹漆銅錯以爲固環藏敷座六十有四藏之内轉以輪止以桯經函二百五十有六經卷五千五十有八（南閻浮提内大小乘經九八万四千卷按唐開元經録名數与此經藏同於閻浮大數二十之一也）藏成經具之明年蘇之緇白徒聚謀曰今功德如是誰其尸之宜請有福智僧越之妙喜寺長老元遂禪師爲之主宜請初發心人前本部守白少傅爲之記僉曰然師既来敎行如流僧至如歸供施達嚫隨日而集堂有羨食路無飢僧游者學者得以安給惠利饒益不可思量師又曰與苾蒭衆外堂焚香合十指禮千佛然後啓藏發函鳴犍椎唱伽陁授持讀諷十二部經經聲洋洋充滿虚空上下近遠有情識者法音所及無不蒙福法力所攝鮮不歸心能然巽風一變至道所得功德不自覺知繇是而言是堂是藏是經之用信有以表旌覺路也脂轄法輪

也示火宅長者子之便門也開毛道凡夫生之大寶貝也亶其然乎又明年院之僧徒三詣維都請予爲記夫記者不唯紀年月述作爲亦在乎辨興廢示勸誡也我釋迦如来有言一切佛及一切法皆從經出然則法依於經經依於藏藏依於堂若堂壞則藏廢藏廢則經墜經墜則法隱法隱則無上之道幾乎息矣嗚呼凡我國土宰官支提上首暨摩摩帝輩得不虔奉而護念之乎得不保持而增修之乎經有缺必補藏有隙必葺堂有壞必支若然者真佛弟子得福無量反是者非佛弟子得罪如律開成二年二月一日記

蘇州南禪院白氏文集記

唐馮翊縣開國侯太原白居易字樂天有文集七袠合六十七卷凡三千四百八十七首其間根源五常枝派六義恢王教而弘佛道者多則多矣然寓興放言緣情綺語者亦往往有

之樂天佛弟子也備聞聖教深信因果懼結來業悟知前非故其集家藏之外別録三本一本寘于東都聖善寺鉢塔院律庫中一本寘于廬山東林寺經藏中一本寘于蘇州南禪院千佛堂内夫惟悉索弊文歸依三藏者其意云何且有本願願以今生世俗文字放言綺語之因轉為將来世世讃佛乘轉法輪之縁也三寶在上實聞斯言開成四年二月二日樂天記

白氏文集卷第七十

白氏文集卷第七十一

碑記銘吟偈　凡九首

趙郡李公家廟碑銘
白蘋洲五亭記　畫西方幀記
畫弥勒上生幀記
香山寺新修經藏堂記
香山寺白氏洛中集記
奉國寺神照師塔銘
不能忘情吟　六讚偈

淮南節度使撿校尚書右僕射趙郡李公家廟碑銘　并序

王建侯侯建廟廟有器器有銘所以論譔先德明著後代或書于鼎或文于碑古今之通制也維開成某年某月某日宣

武軍節度使檢校尚書右僕射汴州刺史上柱國賜紫金魚袋趙郡李公齋沐祗慄拜章上言請立先廟以奉常祀於是得請于天子承式于有司是歲某月某日經始于東都明年某月某日有事于新廟外盡其物内盡其志三獻百順神格禮成其友居易以李氏宗祖世家名爵與僕射志行官業書于麗牲之碑謹按家略九代祖善權後魏譙郡守八代祖延觀徐梁二州刺史七代祖續某郡太守六代祖顯達隨潁州刺史五代祖遷皇朝某某二州别駕贈德州刺史高祖孝卿右散騎常侍贈鄧州刺史曾祖府君諱敬玄總章儀鳳閒歷吏部尚書同中書門下三品中書令弘文館大學士監修國史封趙國公謚曰文憲才智職業載在國史今祭于第一室以妣蒯國夫人范陽盧氏配焉王父府君諱守一屬世難家故不求聞達避榮樂道與時浮沉終成都府郫縣令祭于第二室以妣

滎陽夫人鄭氏配焉先考府君諱晤歷金壇烏程晉陵三縣令府君爲人篤於家行飾以吏事動有常度居無惰容所莅之所有善政辭滿之日多遺愛不登貴仕其命矣夫今祭于第三室以先妣上谷夫人范陽盧氏配焉府君累贈至尚書右僕射夫人累贈至上谷郡太夫人前後凡三追命六告第渥澤疊洽自葉流根從子貴也鄂縣臬晉陵府君咸善積于躬道屈於位儲祉流慶而僕射生焉僕射名紳字公垂六歲丁晉陵府君憂孺慕號踴如成人禮九歲終制孝養上谷太夫人年雖幼承順無違家雖貧甘旨無闕侍親之疾冠帶不解者三載餘可知也執親之喪水漿不入口者五日餘可知也先是祖妣考妣（晉陵府君前娶夫人裴氏無子早卒）洎叔父兄妹之殯咸未歸祔各處一方公在斬縗中親護九喪匍匐万里及期喪事禮無闕違至誠感神有靈烏瑞芝之應事動鄉里名聞公卿言孝友者以

爲表率憲宗嗣統三年李錡盜據京口公寓居無錫會擢第
東歸錡聞公名署職引用矜詢以謀畫結舌不對次強以章
檄絕筆不書誘之以厚利不從迫之以淫刑不動將戮辱者數
四就幽囚者七旬誠貫神明有死無二言名節者以爲準程朝
庭嘉之拜右拾遺歲餘穆宗知公忠孝文行召入翰林特授
司封員外郎知制誥遷中書舍人承顔造膝知無不言獻替啓
沃如石投水俄拜御史中丞戶部侍郎既而望屬台衡朝當
晏駕時移世變遂出掾高要佐潯陽旋爲滁壽二州刺史大
凡公之爲政也應用無方所居必化卧理三郡以去害爲先故有
盜奔獸依之感廉察浙右以分憂爲切故有卹鄰活殍之惠
尹正河洛以革弊爲急故有擿姧抉蠹之威文宗知公全才知
汴難理乃授鈇鉞俾鎮綏之初宣武師人驕強很悍狃乱徼利
積習生常公既下車盡知情僞刑賞信惠合以為用一年而下

懲勸二年而下服畏三年而下恥格肅然丕變薰然大和撫之
五年人俗歸厚至於捍大患禦大災却飛蝗遏暴水致歲於
豊稔免人於墊溺噫微公之力汴之民其爲殣乎其爲魚乎
殊績尤課不可具舉天下征鎮淮海爲大非公作帥不足以長
東諸侯制加銀青光禄大夫楊州長史淮南諸道節度觀察
等使餘如故詔下之日出次于外軍門不擊柝里巷無吠犬
從容五日按節而東百姓三軍挈壺漿捧簞醪遮道攀
餞者動以万輩皆嗚咽流涕如嬰兒之別慈母焉噫若非襦
袴之惠及其幼雞豚之養及其老又推赤心置人腹中者則
安能化暴戾之俗一至於此乎西人泣送東人歌迎梁楚千里
風交化移膏雨景星所至蒙福于時開成會昌之際上方致
理公未登庸顒顒蒼生環望而已盛矣哉大丈夫生於世也以忠
貞奉于君以義利惠乎人以勳冕貴乎身以宗廟顯乎親以

孝敬交乎神冝其荷百禄輔一德爲有唐之宗臣者歟君子謂李氏之廟也休哉公之祭也順哉然曰有孫如此有子如此可謂孝也故其碑銘云

祭祀從貴爵土有秩諸侯之廟一宫三室皇皇西室皇祖中書孝孫追遠昭穆有初顯顯中室王父郇令順孫禋享盡慤盡敬肅肅東室先考晉陵嗣子奉薦孝思蒸蒸嗣子其誰僕射公垂公垂翼翼齋嚴諒直爲子爲臣有典有則載膺休命載踐右職以孝肥家以忠肥國乃援侯伯纛鉞旂戟乃饗祖祢牲牢黍稷家聲振耀國典褒飾六命徽章三世血食光大遺訓顯楊先德子孫承之垂裕無極

白蘋洲五亭記

湖州城東南二百步抵霅溪連汀洲洲一名白蘋梁吳興守柳惲於此賦詩云汀洲採白蘋因以名爲也前不知幾十萬年後又數百載有名無亭鞠爲荒澤至大曆十一年顔魯

公眞卿爲刺史始翦榛導流作八角亭以游息焉旋屬災潦薦至沼堙臺圮後又數十載委無隙地至開成三年弘農楊君爲刺史乃疏四渠濬二池樹三園（犯御嫌名）五亭卉木荷竹舟橋廊室洎遊宴息宿之具靡不備焉觀其架大溪跨長汀者謂之白蘋亭介二園閱百卉者謂之集芳亭面廣池目列岫者謂之山光亭翫晨曦者謂之朝霞亭狎清漣者謂之碧波亭五亭間開萬象迭入嚮背俯仰勝無遁形每至汀風春溪月秋花繁鳥啼之旦蓮開水香之夕賓友集歌吹作舟棹徐動觴詠半酣飄然恍然遊者相顧咸曰此不知方外也人間也又不知蓬瀛崑閬復何如哉時予守官在洛楊君緘書賫圖請予爲記予按圖握筆心存目想覼縷梗槩十不得其二三大凡地有勝境得人而後發人有心匠得物而後開境心相遇固有時耶蓋是境也實柳守濫觴之顏公椎輪之楊君繢素之

三賢始終能畢事矣楊君前牧舒舒人治今牧湖湖人康康之由革弊興利若改茶法變稅書之類是也利興故府有羨財政成故居多暇日是以餘力濟高情成勝槩三者旋相爲用豈偶然哉昔謝柳爲郡樂山水多高情不聞善政龔黃爲郡憂黎庶有善政不聞勝槩兼而有者其吾友楊君乎君名漢公字用乂恐年祀久遠來者不知故名而字之時開成四年十月十五日記

畫西方幀記 開成五年三月十五日

我本師釋迦如來說言從是西方過十萬億佛土有世界号極樂以無八苦四惡道故也其國号淨土以無三毒五濁業故也其佛号阿弥陁以壽無量願無量功德相好光明無量故也諦觀此娑婆世界微塵衆生無賢愚無貴賤無幼艾有起心歸佛者舉手合掌必先嚮西方怖厄苦惱者開口發聲必先念阿弥陁佛

又笵金合土刻石織文乃至印水聚沙童子戲者莫不率以阿弥陁佛爲上首不知其然而然由是而觀是彼如來有大誓願於此衆生此衆生有大因緣於彼國土明矣不然者東南北方過去見在未來佛多矣何獨如是哉何獨如是哉唐中大夫太子少傅上柱國馮翊縣開國侯賜紫金魚袋白居易當衰暮之歲中風痺之疾乃捨俸錢三万命工人杜宗敬按阿弥陁無量壽二經畫西方世界一部高九尺廣丈有三尺弥陁尊佛坐中央觀音勢至二大士侍左右天人瞻仰眷屬圍繞樓臺妓樂水樹花鳥七寶嚴飾五彩彰施爛爛煌煌功德成就弟子居易焚香稽首跪於佛前起慈悲心發弘誓願願此功德迴施一切衆生一切衆生有如我老者如我病者願皆離苦得樂斷惡修善不越南部便覩西方白毫大光應念來感青蓮上品隨願往生從見在身盡未來際常得親近而供養也欲

重宣此願而偈讚云

極樂世界清淨土　無諸惡道及衆苦

願如老身病苦者　同生無量壽佛所

畫弥勒上生幀記

南贍部洲大唐國東都香山寺居士太原人白樂天年老病風因身有苦遍念一切惡趣衆生願同我身離苦得樂由是命繪事按經文仰兜率天宫想弥勒内衆以丹素金碧形容之以香火花果供養之一禮一讚所生功德若我老病苦者皆得如本願焉本願云何先是樂天歸三寳持十齋受八戒者有年歲矣常日日焚香佛前稽首發願願當當來世與一切衆生同弥勒上生隨慈氏下降生生刧刧與慈氏俱永離生死流終成無上道今因老病重此證明所以表不忘初心而必果本願也慈氏在上實聞斯言言訖作礼自爲此記時開成五

年三月日記

香山寺新修經藏堂記

先是樂天發願修香山寺既就事具前記迨今七八年寺有佛像有僧徒而無經典寂寥精舍不聞法音三寶闕一我願未滿乃於諸寺藏外雜散經中得遺編墜軸者數百卷袟以開元經録按而校之於是絶者續之亡者補之稽諸藏目名數乃足合是新舊大小乘經律論集凡五千二百七十卷乃作六藏分而護焉寺西北隅有隙屋三間土木將壞乃增修改飾爲經藏堂堂東西間闢四牕置六藏藏二門啓閉有時出納有籍堂中間置高廣佛座一座上列金色像五百像後設西方極樂世界圖一菩薩影二環座懸文幡二十有四榻席巾几洎供養之器咸具焉合爲道場簡儉嚴淨開成五年九月二十五日堂成藏成道場成以香火釁之以飲食樂之以管磬歌

舞供養之與開振源濟釗操洲暢八長老及比丘衆百二十人圍繞讚歎之又別募清淨七人日日供齋粥給香燭十二部經次第諷讀俾夫經梵之音晝夜相續洋洋乎盈耳哉忻忻乎滿願哉尒時道場主佛弟子香山居士樂天欲使浮圖之徒游者歸依居者護持故刻石以記之

香山寺白氏洛中集記

白氏洛中集者樂天在洛所著書也大和三年春樂天始以太子賓客分司東都及茲十有二年矣其間賦格律詩凡八百首合爲十卷今納于龍門香山寺經藏堂夫以狂簡斐然之文而歸依支提法寶藏者於意云何我有本願願以今生世俗文字之業狂言綺語之過轉爲將來世世讚佛乘之因轉法輪之縁也十方三世諸佛應知噫經堂未滅記石未泯之間乘此願力安知我他生不復游是寺復覩斯文得宿命通省今

日事如智大師記靈山於前會羊叔子識金鐶於後身者歟於戲垂老之年絶筆於此有知我者亦無隱焉大唐開成五年十一月二日中大夫守太子少傅馮翊縣開國侯上柱國賜紫金魚袋白居易樂天記

唐東都奉國寺禪德大師照公塔銘 并序

大師号神照姓張氏蜀州青城人也始出家於智凝法師受具戒於惠萼律師學心法於惟忠禪師忠一名南印即第六祖之法曽孫也大師祖達摩宗神會而父事印其教之大旨以如然不動爲體以妙然不空爲用示眞寂而不說斷滅破計著而不壞假名師既得之揭以行化出蜀入洛與洛人有緣月開六壇僅三十載隨根說法言下多悟由是裂疑網拔惑箭漸離我人相者日日有焉起正信見本覺頓發菩提心者時時有焉其餘退惡進善隨分而增上者不可勝紀夫如是可不謂

煩惱病中師爲醫王平生死海中師爲舩師乎嗚呼病未盡而醫去海方涉而舟失輿以開成三年冬十二月示滅於奉國寺禪院以是月遷葬於龍門山報年六十三僧夏四十四明年傳教主院上首弟子沙門清閑糺門徒合財施與服勤弟子志行等營度襄事卜兆於寶應寺荷澤祖師塔東若干步窆而塔焉示不忘其本也其諸升堂入室得心要口訣者有宗實在襄復儼在洛道益在鎮知遠在徐建在晉道光在潤道威在潞雲眞在慈雲表在汴歸忍在越會幽齊經在蔡智全景玄紹明在秦各於一方分作佛事咸鼓鍾鳴吼龍象蹴蹋斯皆吾師之教力也不其盛歟衆以余忝聞法門人結菩提之緣甚熟請於塔石序而銘曰

伊之北西　洛之南東　法祖法孫　歸全於中

舊塔會公　新塔照公　亦如世禮　袝于本宗

不能忘情吟 并序

樂天既老又病風乃録家事會經費去長音丈物妓有樊素者年二十餘綽綽有歌舞態善唱楊枝人多以曲名名之由是名聞洛下籍在經費中將放之馬有駱者駔壯駿穩乘之亦有年籍在長物中將鬻之圉人牽馬出門馬驤首反顧一鳴聲音間似知去而旋戀者素聞馬嘶慘然立且拜婉孌有辭辭具下辭畢涕下予聞素言亦愍默不能對且命迴勒反袂飲素酒自飲一盃快吟數十聲聲成文文無定句句隨吟之短長也凡二百三十五言噫予非聖達不能忘情又不至於不及情者事來攪情情動不可柅因自哂題其篇曰不能忘情吟吟曰

鬻駱馬兮放楊柳枝掩翠黛兮頓金羈馬不能言兮長鳴而却顧楊柳枝再拜長跪而致辭辭曰主乘此駱五年凡千

有八百日銜橛之下不驚不逸素事主十年凡三千有六百日巾櫛之間無違無失今素負雖陋未至衰摧駱力猶壯又無虺隤即駱之力尚可以代主一步素之歌亦可以送主一盃一旦雙去有去無迴故素將去其辭也苦駱將去其鳴也哀此人之情也馬之情也豈主君獨無情哉予俯而歎仰而咍且曰駱駱尔勿嘶素素尔勿啼駱反廄素反閨吾疾雖作年雖頽幸未及項籍之將死亦何必一日之內弃騅兮而別虞兮乃目素兮素兮爲我歌楊柳枝我姑酌彼金罍我與尔歸醉鄉去來

六讚偈 并序

樂天常有願願以今生世俗文筆之因翻爲來世讚佛乘轉法輪之緣也今年登七十老矣病矣與來世相去甚邇故作六偈跪唱於佛法僧前欲以起因發緣爲來世張本也

讚佛偈

十方世界天上天下我今盡知無如佛者堂堂巍巍爲天人師故我禮足讚歎歸依

讚法偈

過見當來千万億佛皆因法成法從經出是大法輪是大寶藏故我合掌至心迴向

讚僧偈

緣覺聲聞諸大沙門漏盡果滿衆中之尊假和合力求無上道故我稽首和南僧寶

衆生偈

毛道凡夫火宅衆生胎卵濕化一切有情善根苟種佛果終成我不輕汝汝無自輕

懺悔偈

無始刧來所造諸罪若輕若重無大無小我求其相中間內外了不可得是名懺悔

發願偈

煩惱願去涅槃願住十地願登四生願度佛出世時願我得親承先勸請請轉法輪佛滅度時願我得值承後供養受菩提記

佛光和尚真贊

會昌二年春香山寺居士白樂天命續以寫和尚真而贊之和尚姓陸氏號如滿居佛光寺東芙蓉山蘭若因號焉

我命工人　與師寫真　師年幾何　九十一春
會昌壬戌　我師尚存　福智壽臘　天下一人
靈芝之無根　寒竹有筠　温然言語　嶷然風神
師身是假　師心是真　但學師心　勿觀師身

醉吟先生墓誌銘 并序

先生姓白名居易字樂天其先太原人也秦將武安君起之後高祖諱志善尚衣奉御曾祖諱温檢校都官郎中王父諱鍠侍御史河南府鞏縣令先大父諱季庚朝奉大夫襄州別駕大理少卿累贈刑部尚書右僕射先大父夫人陳氏贈潁川郡太夫人妻楊氏弘農郡君兄幼文皇浮梁縣主簿弟行簡皇尚書膳部郎中一女適監察御史談弘謩三姪長曰味道廬州巢縣丞次曰景回淄州司兵參軍次曰晦之舉進士樂天無子以姪孫阿新爲之後樂天幼好學長工文累進士拔萃制策三科始自校書郎終以少傅致仕前後歷官二十任食祿四十年外以儒行修其身中以釋教治其心旁以山水風月歌詩琴酒樂其志前後著文集七十卷合三千七百二十首傳於家文著事類集要三十部合一千一百三十門時人目爲白氏六帖行

於世凡平生所慕所感所得所喪所經所逼所通一事一物已上布在文集中開卷而盡可知也故不備書大曆六年正月二十日生於鄭州新鄭縣東郭宅以會昌六年月日終於東都履道里私第春秋七十有五以其年月日葬於華州下邽縣臨津里北原祔侍御僕射二先塋也啓手足之夕語其妻與姪曰吾之幸也壽過七十官至二品有名於世無益於人褒優之禮宜自貶損我歿當斂以衣一襲送以車一乘無用鹵簿葬無以血食祭無請太常謚無建神道碑但於墓前立一石刻吾醉吟先生傳一本可矣語訖命筆自銘其墓云樂天樂天生天地中七十有五年其生也浮雲然其死也委蛻然來何因去何緣吾性不動吾形屢遷已焉已焉吾安往而不可又何足厭戀乎其間

白氏文集卷第七十一